大名家の秘密

秘史『盛衰記』を読む

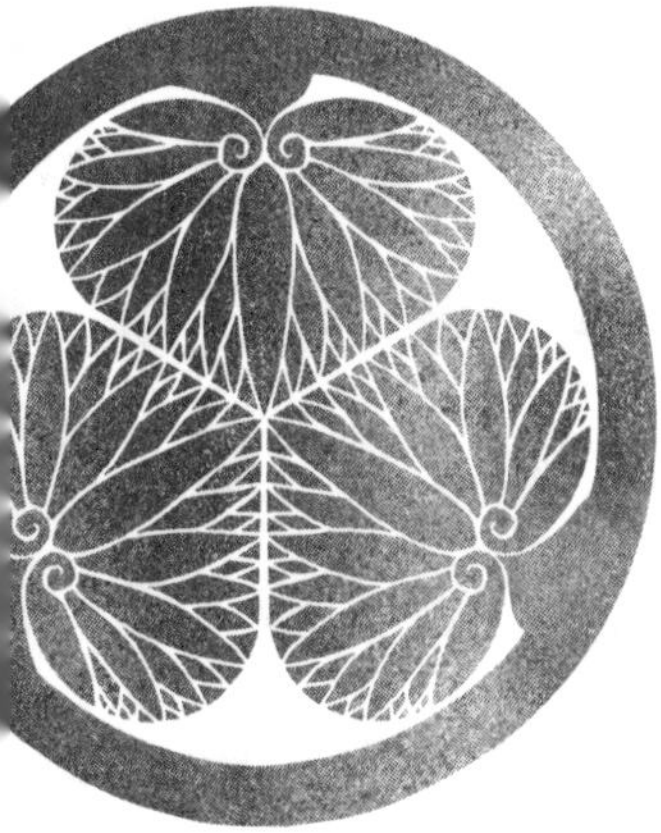

氏家幹人
Ujiie Mikito

草思社

大名家の秘密

秘史『盛衰記』を読む

はじめに——高松藩『盛衰記』の世界へ

読者の期待を大きく裏切らないよう、最初に断っておこう。この本は日本史上の謎を解明した画期的な一冊でもなければ、歴史の隠れた真実を明快かつわかりやすく解説した魔法の書物でもない。主な登場人物は高松藩の初代藩主松平頼重《よりしげ》と二代頼常《よりつね》。だからといって二人の評伝ではなく、高松藩の藩政史ですらない。

ならば一体どのような本なのか。なにが書かれているのか。論より証拠というわけでもないが、とりあえずさわりの場面（印象的な場面）をご紹介したい。

ある日のこと、二十歳そこそこの小柄な青年松平頼重と、四十前の三代将軍徳川家光《いえみつ》が、江戸城内の将軍用の湯殿《ゆどの》で、互いの指をからめて「ゆびきりかまきり」（今風に言えば、「ゆびきりげんまん」）と誓いの言葉を唱えた。ふたりはなにを誓ったのか。頼重は讃岐国《さぬきのくに》高松藩十二万石の藩主を拝命したばかりだったが、六歳下の弟徳川光圀《みつくに》には、将来常陸国《ひたちのくに》水戸藩二十八万石の藩主の地位が約束されていた。「弟が羨《うらや》ましいか」と尋ねた家光。「いいえ、私はこのように上様とお風呂をご一緒できるのですから、すこしも羨ましいとは思いません」と答えた頼重。可愛い弟分。

家光は「いずれ近いうちにもっと江戸に近く石高も多い所に移封してあげるから」と約束した。頼重「本当ですか」。家光「嘘なものか」。「ゆびきりかまきり、ゆびきりかまきり」。

　場面は変わって讃岐国高松城外。光圀の長男として生まれながら、伯父にあたる頼重の養子となって二代高松藩主となった松平頼常が、罪人の刑死体が腑分《ふわ》け（解剖）される様子を興味深げに観察していた。執刀者はお気に入りの小者《こもの》。藩の医師たちが切り開かれた体内の構造や臓腑《ぞうふ》について解説した。頼常は宝永《ほうえい》元年（一七〇四）に没しているから、宝暦《ほうれき》四年（一七五四）に医学者の山脇東洋《やまわきとうよう》が立ち会って京都で行われた腑分けよりすくなくとも半世紀早い。ところがそんな歴史的解剖の場で、頼常と小者の間で、カニバリズム（人肉嗜食《ししょく》）を連想させるやりとりがあった。「その肉片を食ってみろ」と命じた頼常。小者は死体から切り取った肉を差し出し、「殿様からどうぞ」。しかし頼常は激昂《げっこう》するでもなく、「馬鹿め」と言い捨てただけで、事は済んだ。ふたりは実際に死肉を相手に賞味させるつもりなどなく、ただカニバリズムごっこをしてじゃれ合っただけのようだが、それにしても……。

　どちらも衝撃的な場面だ。四十年以上も江戸時代の史料と関わり、性愛や死体、刑罰、犯罪などを研究テーマとしてきた私のような異端の歴史学者にとっても、これほど目からウロコの記述は記憶にない。しかもどうやらフィクションや伝説ではないらしい。家光と湯殿でゆびきりした話は頼重自身が後年近臣に語ったものと思われ（本人以外に知るすべもない）、頼常と小者（名は三《さん》右衛《え》門《もん》）の異常に親しげなやりとり（三右衛門がどんなに無礼なことを言っても、頼常は「馬鹿め」の一言で許していた）は、頼常の近臣たちが何度も目撃していた。

右の二つの場面を含めて、高松藩士の小神野与兵衛《おがのよへえ》が晩年記した『盛衰記《せいすいき》』には、高松藩松平家とその本家である水戸徳川家の興味深い話が記録されている。小神野は藩の諸記録に漏れたさまざまな逸話を、古老からの聞き取りによって採録。そうでもしなければ忘れ去られてしまうに違いない藩主や藩士の言動を、精力的に書きとめ後世に伝えようとしたのである。聞き取りはオーラル・ヒストリーと言い換えてもいい。もちろん藩主としての治績も記されてはいる。しかしなんといっても貴重なのは、頼重や頼常（あるいは徳川頼房《よりふさ》や光圀）の心の中まで照らし出すような記述の数々である。

家光と頼重はなぜ湯殿の中で指をからめて誓うほど意気投合したのか。頼常は身分の大きな隔たりにもかかわらず、どうして三右衛門にあれほど心を許したのか。答えはそれぞれの心の中に見つかるかもしれない。頼重は徳川頼房（徳川家康の末子）の最初の男子でありながら、頼房の命で水にされる（堕胎）ところを家臣に救われ、京都で少年時代を過ごしたのち、英勝院《えいしょういん》（頼房の養母）の尽力で家光に拝謁《はいえつ》し、高松藩主となった。一方、頼重の弟である徳川光圀は、本来兄が継ぐべき水戸徳川家を自分が継いだことを悔い、兄の子を水戸藩主に迎えようと決意。自身が孕《はら》ませた子を強制的に水にするよう命じた。光圀の長男の頼常もまた犠牲になるところだったが、頼重の尽力で無事誕生。逃亡者のように京都に身を隠したのち、極秘裡に高松に迎えられた。

頼重と頼常は、どちらも父親によってこの世に生まれ落ちる途《みち》を閉ざされながら、危うく誕生するという過去を背負っていた。家光もまた長男でありながら父母に嫌われ、祖父家康（そして春日局《かすがのつぼね》）の力で継嗣《けいし》となった。親子の情愛から疎外された者たちが、それぞれに絆を求めた、というのは私の読み過ぎだろうか。

『盛衰記』や水戸藩の記録には、頼房と頼重、頼房と光圀、そして頼重と頼常の父子がしっくりいかなかった様子がまるで家族ドラマのように克明に記されている。それは歴史をさかのぼれば武士の世界でも行われていた堕胎・間引《まび》きの慣行とも無縁ではない。父と子の不和という個人的で「小さな歴史」を通して、読者はわが国における堕胎と間引き、さらには「子殺し」の伝統という、あまり振り返りたくない「大きな歴史」に面と向かうことになるだろう。しつけと虐待、父子の感情の齟齬《そご》、繰り返される父と子の冷たい関係（この本では、父親に一言も言葉を掛けられないまま亡くなった頼常の長男にも光を当てた）。これらの逸話は、まぎれもなく現代の親子が抱える問題ともつながっている。

もう一つのテーマは、大名家の主従関係。とりわけ頼重と個性的な家臣たちの関係は生々しく、魂を揺さぶる。頼重がなに気なく発した一言に激しく傷ついて高松藩を去った者。寵愛《ちょうあい》の小性《こしょう》に嫉妬して蒸し殺しをはかった仲間たち……。偏執的な意地の張り合い、異常なまでの言葉へのこだわり。俸給闘争、武士道とエロス。そこにはありきたりな忠臣美談（自己犠牲的な武士道精神）からは思いもおよばない、血と金そして精液のにおいが漂う。江戸前期（元禄《げんろく》以前）の武士の世界の情念と情欲が、ささやかな逸話から浮き彫りになる。政治・経済の研究をどんなに積み重ねても容易にたどりつけない感情史、心性史の世界が見えてくる。

松平頼重と頼常がこの本の表の主人公だとすれば、小神野与兵衛と、小神野の死から半世紀以上経って『盛衰記』の記述を徹底的に検討し、削除と加筆を施して『消暑漫筆《しょうしょまんぴつ》』を著した中村十竹《なかむらじっちく》は、裏の主人公にほかならない。もし『消暑漫筆』に出会わなかったら、私は『盛衰記』を眉唾《まゆつば》の逸聞《いつぶん》集と見下して、意欲的に解読しなかったかもしれない。教養人でたぶんに粘着質の中村が、隠居後の閑暇《かんか》を幸いに重箱の隅をつつくように小神野の記述を検閲したお蔭で、『盛衰記』は歴史資料として輝きを獲得したのである。

小神野と中村。どちらも晩年になって歴史を後世に伝えよう（伝えなければ）と決意した。小神野は古老から聞き取った話を中心に記述し、中村は小神野の記述の誤りや疑問点を主に文献記録に拠って修正した。老人と歴史。ふたりの例は、どうすれば退屈もせず知的刺激を享受しながら老後を過ごせるか、という意欲的な高齢者の疑問に対する答えにもなるだろう。

これ以上内容にふれるとネタバレで、これから本書を読もうとしている奇特な読者の興をそぐ恐れがある。ということで「はじめに」はここまで。面白いかどうかの感想や評価は読者それぞれにおまかせする。なお史料の原文引用に際しては、読みやすさに配慮して表記を随所で改めている（必要に応じてカタカナを平仮名にし、濁点や句読点を補うなど）。原文引用はなるべくすくなくしたかったが、それではヘタな時代小説と変わらなくなってしまう。また原文には意訳では表現できないところもあるため、結果的に引用箇所はかなりの数に達した。すらすら読み進めない反面、当時の言葉の雰囲気を味わえるという効用もあるので、どうかご容赦いただきたい。

さあ、『盛衰記』の世界に足を踏み入れよう。序章は徳川頼房、松平頼重、頼常それぞれの臨終前後の場面だ。なぜ臨終前後なのか。それは史実と伝説が綯《な》い交ぜになった、いかにも『盛衰記』らしい場面だからである。

大名家の秘密

秘史『盛衰記』を読む

目次

序章　三人の殿様の死——頼房、頼重、頼常

第一章　歴史を編んだ男たち

第二章　頼房と、その子、頼重、光圀。父は息子を〝水〟にしようとした。

嗜虐的な父頼房、かぶき者光圀、増長する英公　85

第三章　子流しと子殺し

第四章 傍若無人な父、頼重（英公） 復讐する息子、頼常（節公）

第五章 わが子に一度も声をかけなかった冷たい殿様

第六章　家臣という名の曲者《くせもの》たち

第七章　名君・頼常の後姿《うしろすがた》

終章　歴史を編む人、ふたたび

水戸徳川家・高松松平家等の略系図

※ ▒ は水戸藩主（徳川家）　■ は高松藩主（松平家）　※数字は代数　※二重線は養子関係

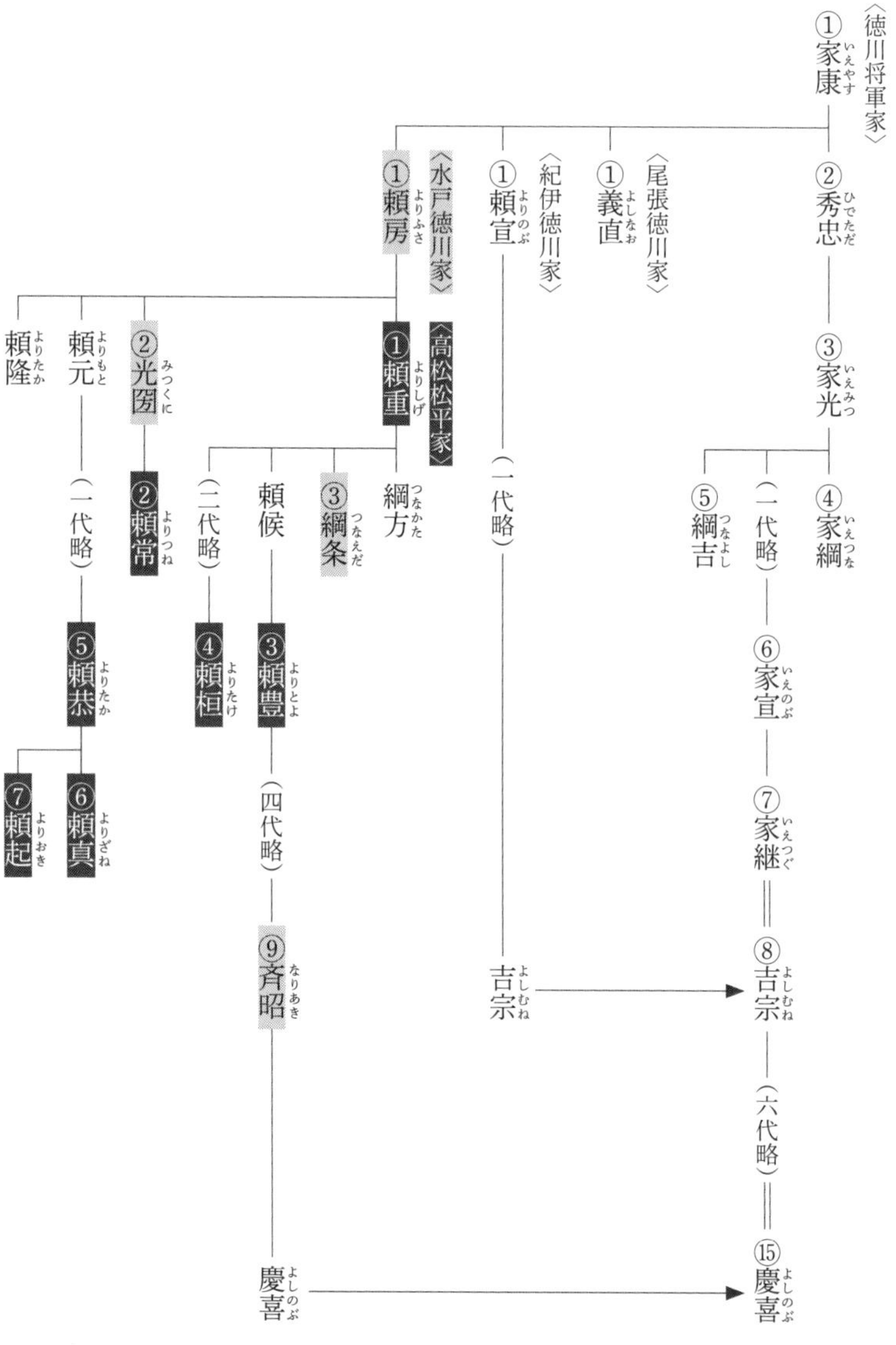

序章

三人の殿様の死

——頼房、頼重、頼常

◆寛文元年（一六六一）——水戸藩初代・徳川頼房の臨終と、息子頼重（英公）との和解

非情な権力者であれ卓越した芸術家であれ、周囲に多大な影響を及ぼした人の死は、とかくドラマに彩られている。感動か悲惨か。なかには伝説としか言いようのないシーンさえも。

寛文《かんぶん》元年（一六六一）七月、徳川家康の十一男で、水戸藩の初代藩主だった徳川頼房《よりふさ》が水戸城で没した。同年二月に江戸から国許《くにもと》を訪れたのち六月に発病。幕府から医師が派遣されるなど手厚い医療が施された甲斐もなく、五十九歳の生涯を閉じた。

病名は癰《よう》。手っ取り早く『広辞苑』で調べると、「皮膚や皮下組織に生ずる急性化膿《かのう》性炎症」で、「局所に多くの膿栓《のうせん》を生じ、周辺から腫張《しゅちょう》して赤色を呈する」と記されている。激しい痛みをともない、「悪化すると死に至ることがある」とも。

歴史を振り返ってみよう。癰に悩まされた人はすくなくない。著名なところでは足利尊氏が背中にできた癰が原因で五十四歳で死亡した（一三五八年）。医学史研究者の服部敏良氏は、癰が敗血症をひきおこしたのではないかと推測している（同『室町安土桃山時代医学史の研究』）。延宝《えんぽう》八年（一六八〇）、八十五歳の後水尾院《ごみずのお》の命の灯を吹き消したのは老衰だったが、院は生前やはり癰を患っていた（『槐記《かいき》』）。

癰がもたらす堪えがたい痛みは、頼房の兄（家康の九男。初代尾張藩主）徳川義直《よしなお》の癰の病状を綴った記録からもうかがえる。『渡辺幸庵《こうあん》対話記』によれば、義直は次第に激しさを増す痛みの

ため、四十日以上も横臥《おうが》すらできず、物に寄りかかって過ごした。睡眠もままならず、心身ともに衰弱しきっていた。だから、ある日高齢の貧僧が妙薬を持参したと聞くと、たとえ得体の知れない薬で命が絶たれる結果になっても構わない（この苦痛が続くよりは、いっそ早く死んでしまいたい）と、妙薬を服用させるよう家老たちに語った。幸い癰は快方に向かい、苦痛を逃れた義直は、手を合わせて僧に感謝した。尾張大納言徳川義直が人を拝んだのはこれが初めてだった。

頼房もまた激痛で顔をゆがませ身もだえしていたに違いない。病状は深刻の度を加えるばかりだった。

頼房危篤の報に接した四人の息子たちは、江戸藩邸から水戸へ向かうべく、幕府に「御暇願《おいとま》」を出し、最期の別れに駆けつける。四人の息子とは、世子《せいし》（のちの水戸藩主）の徳川光圀《みつくに》とその弟の松平頼元《よりもと》、松平頼隆《よりたか》、そして光圀より六歳年長の兄で讃岐国《さぬきのくに》高松藩主の松平頼重《よりしげ》である。年齢は頼重が四十歳。光圀、頼元、頼隆はそれぞれ三十四歳、三十三歳、三十二歳だった。

のちに高松藩士小神野与兵衛《おがのよへえ》が著した『盛衰記《せいすいき》』によれば、なぜか頼重だけ幕府の許可が下りるのが三日遅れた。父の臨終に間に合わないかもしれない。許可が下り、老中らに御礼廻りを済ませた頼重は、直ちに馬上の人となり水戸を目指した。馬術に長けた頼重が駿馬を奔らせたのだから、家来たちが追いつくのは容易なことではない。しかも頼重は「付いて来れる者だけ付いて来い」（『盛衰記』の原文は「御供は続次第《つづきしだい》」）と、家来が揃うのを待とうとしない。名馬に鞭打ち疾駆させる頼重。あとを追う家来たちは、千住宿《せんじゅ》にたどり着かないうちに、はるか後方に取り残された。たった二人をのぞいては。

離れず付き従ったのは、渡徒士《わたりかち》の八木弥五左衛門《やぎやござえもん》と御手筒足軽《おてづつ》の二人。渡徒士は自身の力量を頼りに条件の良い大名を渡り奉公する者で、御手筒足軽は主人の小銃を持って従う役。いずれも下っ端の家来だ。どうやら二人は主人に遅れぬよう走り続けたらしい。江戸から水戸までは千住宿を起点に約三十里。超人的な脚力と持久力そして精神力ではないか。

千住まで来ると、弥五左衛門は羽織を脱ぎ捨てた。幸い千住で頼重が休息をとったので、二人は一息継ぐことができ、その後も一里、二里ごとに馬をとめたので、なんとか付き従えた。しかし十五里ほど行った所で、足軽は消耗のあまり転倒して脱落。弥五左衛門は足軽が落とした手筒を拾い上げた。頼重は手筒を捨て置くよう命じたが、弥五左衛門は御紋が付いているので捨てるわけにはいかないと従わない。

さらに五里ほど進むと、疲労が限界に達した弥五左衛門は、あろうことか頼重の乗馬の尾に縋《すが》りつくようになった。頼重は「ここに残れ、ついてくるな」と叱咤《しった》したが、弥五左衛門は従わない。

主従はそれでもなんとか目的地にたどり着いた。『盛衰記』によれば、他の三兄弟が道中一泊したのに対して、頼重はわずか一日で。三人より一時《いっとき》(二時間)遅れで到着した主従は頼房が病臥する御殿の表門を通った。

そのとき主従の間に摩擦が生じた。頼重は「あの馬鹿ものめ、のこれのこれと申《もうす》に、たはけものめ」（原文）と弥五左衛門を罵《ののし》りながら玄関へ向かった。主の言葉に嘆きかつ憤《いきどお》った弥五左衛門は「私は誰にもまねできない奉公をしたのに、あのように罵倒されるとは。ああ、無駄な奉公に励んでしまった」と口惜しさを言葉にこめて吐き捨てた。無理もない。もっとも『盛衰記』の原文はより簡潔で「一廉《ひとかど》のご奉公と存《ぞんじ》候《そうろう》処《ところ》、右之通御呵《おしかり》故《ゆえ》、手もなきむだ奉公」とある。

さすがに御殿に仕える者たちは弥五左衛門をいたわり、茶粥を啜《すす》らせ懇《ねんご》ろに介抱した。弥五左衛門は極度の疲労と傷心で四、五日の間呆然と過ごしたという。

頼房の容体は一段と悪化していた。それでも頼重到着と聞くと、苦しい息の中、「右京《うきょう》は、右京は」（原文）と頼重の名（右京は通称）を繰り返し声に出した。

息子たちは、光圀、頼重、頼元、頼隆の順に父と対顔した。介護の者に身体を抱えられながら四人それぞれに言葉をかけた頼房は、あらためて頼重を呼び寄せ、背後にまわって腫物（癰）の状態を見るようにと語った。父の背の腫物を目の当たりにした頼重の目に涙があふれ、こぼれ落ちた。父はさらに介護の者にかわって身体を支えるようにと語り、頼重は背後から父を抱き支えた。

頼房が発した末期の言葉は、「右京、子の事なれば何のにくかろぞ」。「右京、お前は私の息子だ。どうして憎いことがあろう」と意訳できる。頼重の嗚咽《おえつ》が聞こえてきそうな場面だ。『盛衰記』はそのときの頼房の状態を線香が五分《ぶ》（約一・五センチメートル）燃え尽きるほどの短い時間しか余命がなかった（「せん香五歩位たつ内之御存命にて」）と伝えている。父はまさに最期の時に、息子と和解したのである。頼房の死亡日は、『水戸紀年《きねん》』に七月二十九日とある。

和解？　たしかにこの父子の関係は良好だったとは言いがたい。小神野の没後、『盛衰記』に補筆して『小神野夜話《おがのやわ》』を編集した斎藤次美は、右の場面に次のような見解を添えていた。

「旁以《かたがたもって》奉《たてまつり》察《さっし》候《そうろう》へは、折々御機嫌うるわしからす、英公毎度御当惑被《あそばされ》遊《そうろう》候《おんぎ》御儀も、皆々姑息《こそく》を愛せさるの尊慮、記《しるす》も恐れ多けれは、謹《つつしん》て筆をとむるものなり」

――頼房公は生前、英公（頼重）にしばしば冷たい態度を示した。英公はそのたびに当惑したが、（最期の場面から察するに）頼房公の冷たさは、すべて姑息を愛さぬようみずからを戒めたからだとわかる。とはいえその御心をあれこれ忖度《そんたく》するのは畏れ多いので、この件についてこれ以上述べるのは慎みたい――。

〝姑息を愛する〟とはどのような意味か。頼房より十三年早くこの世を去った儒者の中江藤樹《とうじゅ》は、親が子を甘やかし必要なしつけや教育をほどこさないのを「姑息の愛」と呼んだ（『翁《おきな》問答』）。舐《な》めるように可愛がれば愛情が深いように見えるが、それでは子はわがままに育ち、才徳は身につかない。頼房はそんな姑息の愛（その場かぎりの愛情）を戒めた結果、頼重との間がしっくりいかなくなったというのである。

はたしてその通りなのか。この問題はあとで詳しく述べることにして、超人的な奉公を遂げながら「馬鹿者」「たわけ者」と罵倒された八木弥五左衛門のその後に触れておきたい。彼は憤りのあまり、頼重のもとを立ち去ったのだろうか。いや、弥五左衛門を面罵《めんば》したものの、頼重はその労を高く評価していた。その証拠に弥五左衛門は御小性組《おこしょうぐみ》に昇進し、三百石を給された。その他の者（たとえば転倒して立ちあがれなかったあの足軽）にも遅い早いの差はあったが、それぞれに褒美が下されたと『盛衰記』は記している。

◆元禄八年（一六九五）――龍になって昇天した、高松藩初代・松平頼重（英公）

元禄《げんろく》八年（一六九五）四月、讃岐国高松藩十二万石の初代藩主で、当時は隠居して中の村の別館（現在の高松市亀岡町）に住んでいた松平頼重が亡くなった。享年七十四。遺体は彼が城下郊外に造営した巨刹《きょさつ》、仏生山法然寺《ぶっしょうざんほうねんじ》の般若台《はんにゃだい》と称する御霊屋《おたまや》に納められた。

ところで頼重は高松藩の文献では通常「英公」と記されている。本書もこれから特に必要がないかぎり頼重を英公と呼ぶことにしたい。理由は簡単。彼の父は頼房で、弟に頼元、頼隆。さらに歴代の高松藩主の名もすべて頼□で、「頼重」では読者が（ときには著者自身すら）まぎらわしく感じるに違いないと憂慮したからだ。

英公の柩《ひつぎ》は、頼母《たのも》（四男）、玄蕃《げんば》（六男）、帯刀《たてわき》（八男）、修理《しゅり》（孫）の四人が四方を徒歩で固め、隠居附の重臣と近習《きんじゅう》が前後の供をして仏生山へ運ばれた。藩主の頼常（これも以下、節公《せっこう》と呼ぶことにする）はその後方に徒歩で従った。行列が簡素なものになったのは、英公が生前、葬儀は軽く執り行うよう指示し、行列の配置も定め置いたからだという。

華美を嫌い、しめやかに。だからといって、英公がひっそりとこの世を去ったわけではない。彼の死をめぐっては、奇譚《きたん》とも言うべきドラマが語り継がれた。

納棺の夜のことだという。激しい風の中、御霊屋から龍が姿を現し、天に昇ったというありえない話が囁《ささや》かれた。生前英公は自身の木像を作らせていた。それは若かった頃の彼が金龍の衣をまとって龍にまたがる像だった。龍にあこがれ龍になりたいと望み、戒名も龍雲院殿雄蓮社大誉孤峯源英大居士。なにかと龍と縁の深い殿様だったのだが、それにしても。

容易に信じがたい右の話を伝えたのは、英公に八十五年も遅れて没した小神野与兵衛である。小神野は『盛衰記』にこう記している。「般若台へ御納棺之夜、風雨強《つよく》、御霊屋より龍之形顕《あらわ》れ、天上《てんじょう》被遊《あそばされ》候由《そうろうよし》専《もっぱら》申伝《もうしつたえ》候《そうら》へとも、慥成事《たしかなること》は承り不申《もうさず》候」。確実な証拠（「慥成事」）はないと言うのだが……。

小神野が『盛衰記』の執筆を始めたのは宝暦《ほうれき》九年（一七五九）頃。英公の死から六十年以上経っていた。しかも確かな記録はなにもない。普通の人なら「こういう話もありました」で済ませてしまうだろう。しかし彼は違う。小神野は事実かどうか確かめるため、納棺の夜、当番でその場に詰めていた実の父（永瀧助六《すけろく》）に何度も当日の様子を尋ねた。

返ってきた言葉は「この件は極秘事項なので、親子であっても話すことはできない。ただ凄まじい様子だったのは事実だ」（「是は密事故《ゆえ》親子と云《いえ》とも可申聞様無之《もうしきけべきようこれなく》候、先《まず》はすさましき事共有之《これあり》」）。のちに斎藤次美が『盛衰記』の不足を補った『小神野夜話』にも、小神野の父はその夜風雨が激しかったと語っただけで、肝心の点は秘したとある。

どうして極秘なのかも明かさず口を固く閉ざした父。小神野は母にも当日のことを尋ねた。母は「当時は私も若い盛りだったので、御尊骸《ごそんがい》（英公の柩）がお通りになるのを拝みに出かけましたよ。そのような話も耳にしましたが、詳しいことは知りませんね」と淡々と語った。まるで「私のように長く生きていると、不思議なこともいろいろあったわ」とでもいうように。

母はこうも語った。「そうそう、翌日、霊仏堂の辺りに大きな鱗《うろこ》が落ちていたと、常念仏《じょうねんぶつ》の道《どう》心者《しんじゃ》（念仏を唱える僧形の物乞いか）が話していたそうですよ。あとで耳にした話ですが」。大きな鱗は、昇天の際に龍（英公）の身体から剝《は》がれ落ちたものに違いない。英公の昇龍伝説はさまざまな形で囁かれ、伝説は、すくなくともしばらくの間は藩士のみならず領民の間に流布していた。

水戸の頼房は、みずからの死を覚悟すると、自分の死後けっして家臣に殉死《じゅんし》をさせぬよう光圀に遺言した。当時の武士の世界には主君に殉じて追腹《おいばら》を切る風潮があり、殉死者の数を誇る大名家すらあった。光圀が調べると頼房に殉死したいという家臣が数十人もいた。光圀は彼らに父の言葉を伝え、殉死を思い止まるよう説得したが、頑として承諾しない。なんとしても腹を切って死出《しで》の旅のお供をしたいというのだ。

もてあました光圀は、どうしても殉死すると言うなら、当家は子々孫々に至るまで貴殿らの家とは君臣の関係を絶つと宣言した。光圀の義絶宣告は効果絶大だった。彼らは頭を垂れ、泣く泣く従うしかなかった。光圀から報告を受けた頼房は大いに満足した（『水戸紀年』）。その後ほどなく幕府も全国的に殉死を禁じ、幕府に先立って殉死を禁じた頼房の英断は、名君の証《あかし》として語り継がれた。

英公の没後、禁を破って殉死を遂げた男がいた。男の名は高井角右衛門広利。『増補高松藩記』等の記述にそって、その顚末《てんまつ》を要約すると——。

角右衛門は、大坂方に味方して所領を失った樺島又兵衛の長男。姉妹《きょうだい》の松野《まつの》（松月院）は、英公の侍女となり男子頼候を産んだ（頼候の子はのちに高松藩三代藩主頼豊《よりとよ》となる）。

英公から破格の厚遇を得た角右衛門は、小性を皮切りに諸役を歴任。延宝四年（一六七六）に大小性頭《おおごしょうがしら》に任ぜられ、高三百五十石となった。君恩に感泣した彼は、英公が病に倒れると、日夜看病に心を砕いた。しかし元禄八年（一六九五）四月九日、もはやこれまでと家に帰って自刃。九日は英公の死亡日とされている日の三日前である（このため英公の死亡日については諸説がある。もっとも、公表された死亡日が実際よりあとになるのは当時ごく普通のことだった）。

殉死は天下の厳禁。事実があきらかになれば幕府から藩に処罰が下されるかもしれない。高井家は偽って「発狂自殺」と届け出たが、断絶の憂き目をまぬがれなかった。

これもまた英公の死をめぐるドラマのひとつである。忠臣の悲哀。彼の志を哀れんだ藩主頼常（節公）は、般若台の英公の墓の側に小さな塔を建て、高井角右衛門の墓とした。

◆宝永元年（一七〇四）――高松藩二代・松平頼常（節公）のあまりに冷静な死の迎え方

真偽はともかく、龍になって昇天というド派手な伝説を残した英公とは対照的に、節公（二代藩主頼常）の最期は、あまりにも静かで儚《はかな》かった。伝説とはおよそ無縁で、忠臣の殉死というようなドラマチックな場面もなかった。宝永《ほうえい》元年（一七〇四）四月三日没。享年五十三。生涯も英公より二十年以上短かった。

『盛衰記』は言う。ある日のこと、節公は年寄（藩の重役）たちに、病のため藩主の任に堪えないと告白した。あまりに突然で、困惑した年寄たちはしばらく言葉が出なかった。とはいえ黙し続けるわけにはいかない。年寄の一人、辻八郎右衛門が「まだお若いのですから、しばらく保養して病を癒され、もうしばらくは引退を思い止まっていただきたい」と翻意をうながしたところ、節公はおもむろに猪口《ちょこ》を取り寄せ、口の中に溜まったものを吐き出した。「これを見よ。私の余命はもう長くない」。見ると猪口の中には血痰が。『小神野夜話』はこのくだりを「是を見候へ、最早《もはや》御存命御間《おま》も不被為有《あらせられず》との御意」と記している。

年寄たちが驚愕絶句した様子が目に浮かぶ。節公は、自身の病を死病とあきらめ、侍医にすら病状を告げていなかった。

その年の二月十一日、節公は藩主の座を退き、甥の松平頼豊（恵公《けいこう》）が三代目藩主に就任した。隠居を龍の口の上《かみ》屋敷から目黒の下《しも》屋敷に移す前夜、小夫《おぶ》五郎四郎、松崎仁兵衛ほか横目《よこめ》（藩主直属の監察役。目付）の者四人を召し、節公は「政《まつりごと》は新しい藩主の意向に従い、先代のときはこうだったああだったなどと述べてはならぬ」と直々に訓戒した。新藩主の代《よ》が順調に滑り出すよう配慮したのである。

隠居後は新五郎と称した。隠居した大名にはふさわしくない名だ。これは名君の評判が高い池田光政《みつまさ》（一六〇九─八二）が虚飾を嫌って（名前などどうでもいい）新太郎と称したのに倣《なら》ったのだという。

目黒の隠居宅へ向かう行列も寂しかった。従う供は、横目・惣領《そうりょう》組・徒士あわせて計五人。その様子を上屋敷で見送った年寄や番頭《ばんがしら》衆は涙をおさえきれなかった。目黒屋敷に着き節公から労をねぎらわれた家臣たちも一同平伏して落涙した。

目黒屋敷には山田長純、岡田芳庵、田中伝右衛門の三人だけを残し、御膳は常に提重《さげじゅう》（携帯用の重箱）一組の弁当椀で供された。

節公はまた静かに保養したいという理由で、家臣や家門（親類）の見舞いを謝絶した。ただ藩主の恵公だけが日々見舞いに訪れた。目黒屋敷の隠居暮らしは、英公のそれとは比較にならないほど質素で簡略なものだった。

そんな生活が身体を癒したのか、節公の具合は次第に快方に向かった。この調子なら、高松に帰って親量院《しんりょういん》様（節公の生母）に対面できるかもしれない。帰国の準備をしていたとき、南部大《なんぶだい》膳大夫《ぜんだゆう》（陸奥国盛岡藩主）から南部産の雉《きじ》が届けられた。雉は節公の好物。医師の長尾文哲に食していいか尋ねると、問題ないという。雉は香ばしく焼かれ、御膳に上った。しかし雉料理をひと切れふた切れ口に入れたところ血痰の症が再発、節公はあえなく絶命した。

遺体は高松へ運ばれ、日内山霊芝寺《ひうちざんれいしじ》（現・香川県さぬき市）に葬られた。高松藩松平家の宗旨は浄土宗で、英公は法然寺に葬られたが、水戸徳川家から養子に迎えられた節公は、祖父頼房、実父光圀に倣って儒教式で葬るよう遺言していたのである。

永眠の一両日前、上屋敷から奥方が目黒屋敷を訪れた。上野国《こうずけのくに》前橋（厩橋《まやばし》）藩主で幕府の大老も務めた酒井忠清《ただきよ》の女《むすめ》で名は松姫、のちに本寿院《ほんじゅいん》と呼ばれた女性である。節公と奥方は人払いをして語り合った。帰途、奥方は輿《こし》の中で涙を流し続けた。節公もまた病床で泣いた。三十年以上連れ添った夫婦の最後の別れは、それだけで一幕の哀しいドラマだった。

節公の最期には伝説がないと言ったが、死後しばらく経ってもいいというなら、英公の昇龍伝説にもまさるとも劣らぬ話がある。

高松藩士中村十竹《なかむらじっちく》が著した『消暑漫筆《しょうしょまんぴつ》』に、某人の旧記から拾った心あたたまる怪談が記されている。怪談？　そう、主人公は節公の霊。それは次のようなものだった。

節公は生前、生母の親量院のために手ずから「つや餅」という生菓子を作ってさし上げていた。

親量院はいつも楽しみにしていたので、公が亡くなってからも「つや餅」を召し上がりたいとおっしゃった。さいわい公のお側に仕えていた由良野《ゆらの》という老女（奥女中の重役）が、公の菓子作りを間近に拝見していたので、代わって「つや餅」を作ってさし上げたところ、親量院のお気に召さない。何度試みても、味が落ちたと言われてしまう。どうしたら公の味を再現できるのだろうか。

ある夜、悶々としていた由良野の夢の中に節公とおぼしき姿の人が現れ、「餅を作るとき糯《もちごめ》（モチ米）を加えているのではないか。粳《うるしね》（ウルチ米）だけ用いるのがこつだ」と、製法を伝授したところで、夢がさめた。これは母親想いの節公の霊のお告げに違いない。言われた通り粳だけで「つや餅」をこしらえたところ、親量院は「これこそ公の味」と大満足。「殊の外に御賞味あり」という。

まさか節公の霊が生菓子のレシピを告げたとは。しかし『消暑漫筆』の著者は真剣だ。「是《これ》は奇談なれとも実事なるまゝ、公の御孝心の事をいはんかために此《ここ》に記し置《おき》ぬ」。不思議な話だが本当にあったことなので、節公の孝心の証《あかし》として記したのだという。実は節公の姿を夢に見たのがきっかけで、由良野がつや餅の正しい作り方を思い出しただけなのかもしれないのだが。

第一章 歴史を編んだ男たち

◆高松藩の「秘史」を描いた小神野与兵衛の『盛衰記』

序章では、おもに小神野与兵衛『盛衰記』に従って、徳川頼房、松平頼重（英公）、松平頼常（節公）の死にまつわる史実と伝承を紹介した。いずれも大名という特殊な立場にあった人とはいえ、その死はそれぞれに個性的だ。すべてが史実だとはとても思えないが、眉唾物《まゆつばもの》であることを差し引いたとしても『盛衰記』の記述は、いきいきとして魅力的である。著者の小神野与兵衛とは、一体どのような人物なのだろうか。

小神野与兵衛、名は光端《みつただ》。高松藩士永瀧助六広隆の子として誕生。小神野与五兵衛の養子になり永之助と称した。養父の没後、享保《きょうほう》五年（一七二〇）に徒士並《かちなみ》、元文《げんぶん》二年（一七三七）に徒士目付に進み、伊右衛門と称した（その後、五郎兵衛さらに小平太と改めた）。

宝暦《ほうれき》六年（一七五六）に惣領組に入り、蔵奉行を拝命。通称を与兵衛と改めた。安永《あんえい》三年（一七七四）留守居番《るすいばん》に転じ、同九年（一七八〇）六月に没している。藩士として、三代頼豊《よりとよ》（恵公《けいこう》）、四代頼桓《よりたけ》（懐公《かいこう》）、五代頼恭《よりたか》（穆公《ぼくこう》）、六代頼真《よりざね》（定公《ていこう》）の四代の藩主に仕えた。

以上は『消暑漫筆』に記された小神野の履歴だが、何歳で死んだかは明記されていない。しかし『盛衰記』には「明和《めいわ》七年九月十五日、我等六十一歳にて」とある。明和七年（一七七〇）に六十一歳だとすれば、死亡した安永九年は七十一歳のはずだ。

履歴で注目されるのは、監察役の徒士目付を二十八歳から四十七歳まで二十年も務めたこと。

徒士目付は情報を探索して報告する多忙な役で、藩の記録をひもとく機会も多い。加えて『盛衰記』によれば、小神野は穆公（五代藩主松平頼恭）が設立した記録所のメンバーに選ばれたという。記録所では英公の事績を記した『英公実録』など代々の実録のほか、藩士諸家の系譜や『登仕《とうし》録《ろく》』（高松藩家中の由緒や履歴、勤功等の記録）等の諸記録が編纂された。記録所の設立は延享《えんきょう》四年（一七四七）正月二十八日だから、小神野は編纂事業の一員として、三十代の末から四十代にかけて、古記録の調査や古老の聞き書きに従事したと想像される。

彼は元来このような仕事が嫌いではなかった。『盛衰記』の序で小神野はこう述べている。「我若かりしより以来、旧記《きゅうき》を好《このみ》て色々の記録を集《あつめ》て逐覧《ちくらん》して楽み暮す」。若い頃から古い文献や記録を読むのが大好きだったという。旧記の調査は性分に適《かな》った仕事だった。

しかし四十七歳のとき、体調を崩して休養を取らざるをえなくなった。それから三年。病がようやく癒えると、小神野は旧友たちから古い記録を借り、保養を兼ねて目を通すようになった。「又好《このむ》道《みち》に帰りて旧友の書記を借集て保養の為に詠《なが》め居《おり》し」。徒士目付在職中や記録所へ出向していたときも多くの文献や記録を調査したが、それはあくまでお仕事。現在は病気保養中の身で、心置きなく旧記を読みあさっているというのだ。

趣味としての旧記三昧《ざんまい》。静かな療養生活を送っていた小神野だったが、ある日、大道寺《だいどうじ》友山《ゆうざん》の著『落穂集《おちぼしゅう》』に接して『盛衰記』の執筆を思い立つ。

大道寺友山（一六三九―一七三〇）、名は重祐《しげひろ》。友山のほか知《ち》足軒《そくけん》と称した。『落穂集』『武道初心集』『岩淵夜話《いわぶちやわ》』の著で知られる軍学者である。『落穂集』は徳川家康の誕生から元和《げんな》改元（一六一五年）まで、家康の事績と逸事を編年体で記した書で、末尾に八十九歳の友山が詠んだ歌「子や孫のためとばかりにひろひをく（拾いおく）粃《しいな》（＝殻《から》ばかりで実のない籾）ましりの落穂なれとも」の歌が添えられていることから、その名がある。

宝暦九年（一七五九）の某日、小神野は自問した。現在自分は五十歳。当時の大道寺友山より三十九歳も若いのに、このままなにもせず生涯を終えるのはいかにも残念だ。とはいえ愚かで無知で文章力もない自分にいったいなにができるだろうか。

今の自分にできることは……。讃岐国の移り変わりと盛衰、そして英公から穆公までの秘められた逸事（世に知られていない事実）を記録して子孫に伝えることなら、なんとかできるかもしれない。記録に残っていない逸事の多くは、往時を知る古老たちが亡くなれば、やがて忘れ去られてしまう。なぜ記録されなかったのか、若い世代に伝承されなかったのか、その理由すらわからなくなってしまうだろう。このままでは古老の聞書き（オーラル・ヒストリー）など藩の貴重な歴史が消失する。ぜひ書きとめておかなければ。

かくして『盛衰記』の執筆が始まった。本文に安永五年（一七七六）の内容が含まれていることから、死の数年前まで書き続けたと推測される。

『盛衰記』で伝えようとしたのは、藩の正史（公的な歴史記述）には書かれていない逸事や伝承だった。かといって小神野は藩の記録を軽んじたわけではない。藩の公文書に通暁《つうぎょう》していた彼は、『盛衰記』で紹介した逸事が根も葉もない話ではない傍証として、具体的資料名を挙げて公文書の記述に言及している。徒士目付在職中『横目部屋日記』に書かれているのをこの目で見た（「我等徒目付相勤候《あいつとめそうろう》節、横目部屋日記に有之《これある》を覚記《おぼえしる》し置候」）とか、この発言はたしかに『横目部屋留《とめ》』に記録されていたとか。小神野は、『盛衰記』をただの見聞記や逸聞集ではなく、正史の不足を補う信憑性《しんぴょうせい》の高い史書に仕立てようとした。しかし信憑性が高ければ高いほど、藩主や藩士の秘められた事実を載せた『盛衰記』は容易に公開できない。閲覧を許したのは、すくなくともタテマエとしては小神野家の子孫のうちでも秘密を守れる者だけだった。

ところで小神野は「末世に至る共《とも》、他見《たけん》するなかれ」と記したあとで、「坊よ坊よ、とらよとらよ」と続けている。まるで親が乳飲み子をなだめ諭すように。「とらよとらよ」はあるいは「どらよどらよ」かもしれない。意味はさだかでないが、いずれにしろ「のちのちまで他家の者に見せてはならない」という戒めを守るよう念を押したものに違いない。

俗にくだけた表現が用いられたのは、『盛衰記』が漢文や漢語で飾られていない平易な文章で書かれていることとも通じる。「坊よ坊よ」にはまた、小神野家の子孫であれば年少者にも読んでもらいたいという願いがこめられているのだろう。

◆いくつも生まれた『盛衰記』の写本

小神野の意志に反して、『盛衰記』はやがて高松藩士の間で評判になった。内容が興味深ければタテマエなど容易に崩されてしまうのである。あるいは中村十竹が指摘するように小神野自身、実はひろく読まれるのを期待していたのかもしれない。英公以下歴代藩主や藩士たちの逸話が載っているのだから無理もない。おのずといくつも写本が作られたが、それらは小神野の自筆本（その所在は現在不明）を正確に筆写したものではなかった。内容の面白さがわざわいして、自説を書き加えたり、このような秘話を後世に伝えるのは如何《いかが》と内容の一部を削除する者がいたからだ。

『盛衰記』から生まれた幾種類もの写本。代表的なものを、論文「小神野与兵衛著『盛衰記』と中村十竹著『消暑漫筆』について」における御厨義道氏の記述に従って挙げておこう。

『小神野筆帖』 高松藩江戸藩邸が所蔵する『盛衰記』を、藩命で斎藤段四郎が寛政《かんせい》三年（一七九一）に増補した書。藩主の表記などから自筆本に「ある程度近い部分をもつと推定される」（御厨）。香川県立瀬戸内海歴史民俗資料館松浦正一文庫蔵。これとよく似た内容のものに**『讃岐盛衰記』**（香川県立ミュージアム蔵）がある。

『小神野夜話』 寛政四年（一七九二）、耳順翁《じじゅんおう》斎藤次美が、『盛衰記』を筆写する際に記述の不足を補った書。斎藤次美は「小神野筆記」と名付け、これを自身の蔵書に加えた。奥書《おくがき》で耳順翁と称しているので、稿が成ったとき次美は六十歳だったことがわかる。次美は『小神野筆帖』の著者斎藤段四郎と同人物である可能性が高い。しかし内容は『小神野筆帖』にはあるが『小神野夜話』にない記事が多く、用字・用語にも違いがある。

『小神野夜話』は、寛政四年に成立したのち天保《てんぽう》四年（一八三三）頃筆が加えられた。松浦正一文庫に現存するのは、天保四年の加筆本を弘化《こうか》二年（一八四五）に筆写したもので、『新編香川叢書』に翻刻収録されている。

前掲論文では触れられていないが、国立公文書館内閣文庫に昌平坂学問所旧蔵の**『［高松藩］盛衰記』**がある（原題は『盛衰記』）。『盛衰記』は、高松藩内だけでなく幕府の蔵書にも加えられていたのである。

そしてもう一つ。『盛衰記』の内容ひいては小神野与兵衛光端の人格まで批判（あるいは否定）した書物があった。題して**『消暑漫筆』**。これもまた『盛衰記』から生まれた著述であることに違いはない。

◆『盛衰記』を批判し『消暑漫筆』を書いた中村十竹

天保八年（一八三七）七月某日、官を退いた六十九歳の私は、うだるような暑さのなか、童《わらべ》に団扇《うちわ》を扇がせ、妻に用意させた酒を飲みながら、傍らにある書物を手にした。陸務観《りくむかん》の詩に「酒は是憂《これうれい》を治するの薬、書は睡《ねぶり》を引《ひく》の媒《なかだち》となる」（酒を飲めば憂いを忘れ、書を読めば眠くなる）とあるのに倣い、堪えがたい猛暑をしのぎ午睡《ごすい》をむさぼろうと、酒杯を傾け書をひもといたのだ――。

右は『消暑漫筆』の冒頭（「序」）の情景である。

陸務観（一一二五―一二一〇）は陸游《りくゆう》、陸放翁《りくほうおう》の称で知られる中国南宋の大詩人。酒と書の詩句は、彼の詩集『剣南詩稿《けんなんしこう》』巻四十二に収められた五言律詩「晩歩舎北帰」中の対句「酒是治愁薬書為引睡媒」である。

「私」は、自分は凡庸なばかりか「資性懶惰《しせいらんだ》」（生来の怠け者）で、齢《よわい》七十を前にして、なにひとつ究めた業もなければ修得したものもないとみずからを恥じているが、陸游の詩句を諳《そら》んじているのだから、なかなかどうして知識人に違いない。

彼の名は、中村十竹。十竹道人とも称した。高松藩の先手頭《さきてがしら》を務めたというほか藩士としての経歴は不明だが、『増補改訂讃岐人名辞書』によれば、名は惟孝。字は伯敬、通称義太夫で、十竹のほか賛岳、花顚と号し、書画に長じ『古言采覧』の著があるという。

暑さしのぎに十竹がひもといた書は『小神野盛衰記』。小神野与兵衛の『盛衰記』にほかならなかった。

中村は、続いて『盛衰記』の感想を述べ、自分がなぜ『消暑漫筆』を著したのか、執筆の動機を熱い口調で語っている。意訳すると。

小神野与兵衛は序文で、この書は子や孫のために記した書で、他の者には見せてはならないと述べているが、これは筆者の決まり文句（「筆に渉《わた》せしもの丶ためし」）で、実は多くの人に読ませたかったのだ。その証拠に今ではここかしこで筆写され、史実を記した「純粋なる実紀」のようにもてはやされているではないか。とりわけ愚かな連中は、「小神野の盛衰記」と称して金科玉条のように尊び、人に貸さないばかりか見せようともしない。まったくあきれてものが言えない。

実紀だってそれほど貴重なものではない。まして『盛衰記』は随所に誤記が見られ、事実と完全に異なる記述も一つ二つに止まらない。私のような無知な者でも、これは違うと気づいた箇所がいくつもある。小神野の記述を鵜呑みにしたら、間違いのもとになるだろう（「過《あやまち》を生する階梯《かいてい》ともなりなむかし」）。

これは放っておけない。

私は暑さしのぎの暇つぶし（「消暑の戯《たわむれ》」）に、毎日午睡の時間をさいて、『盛衰記』の中から正しい記述を書き抜き、誤りを訂正し、事実かどうか判断できない余話（「事実詳《つまびらか》ならさる無用の雑話」）を削除した。その結果出来上がったのがこの書である。暑さしのぎの筆まかせだったので、『消暑漫筆』と名付けた。

中村は、小神野の経歴を述べたところで、『盛衰記』になぜ史実と異なる記述が多いのか、その理由を、ある人物（名は秘されている）が語った話をもとに掘り下げている。

ある人から、小神野についてこんな話を聞かされた。

—小神野は仮役《かりやく》時代（見習い期間）を含め徒目付に二十五年も在職した。徒目付はとても多忙だが、その一方で昇進の途が開かれた（「その善報を得る」）励み甲斐のある役でもある。小神野もそう信じていたに違いない。ところが長年務めたにもかかわらず、結果は惣領組に転じただけ。彼は落胆のあまり日々鬱々としていたという（「常々胸懐《きょうかい》に怫鬱《ふつうつ》せりと也」）。だからこそ小神野は

『盛衰記』の中で、ややもすれば藩の重役をそしり、さらには、あろうことか主君（藩主）のことまで悪しざまに述べているのだ。わが身の不遇を恨む毒気が文章ににじみ出ている。貴殿もそのつもりで（小神野が藩上層部に強い不満を抱いていたという事情を理解したうえで）『盛衰記』を読まなくてはならない――。

中村は、自分は小神野と同じ時代に生きていないので、彼の人となりを知らない。ある人の話がはたして正しいのかどうか判断できないと慎重な態度を示しながらも、『盛衰記』を書き始めた宝暦九年に小神野は惣領組だったので「或人《あるひと》の説さもあらんかと思はるゝ也」（なるほど頷ける話だ）と〝怨恨説〟を受け容れている。

中村には、そもそも『盛衰記』という書名が気に入らなかった。記述のほとんどが「御家」（高松藩主松平家）の話なのに盛衰記とはなにごとか。「御家は盛ありて衰なし、何ぞ名を命するのあやまれる」。御家は初代英公以来、隆盛続きで衰退したことはない。なのに何で『盛衰記』なのかというわけ。

◆中村による間違い探し

『盛衰記』にどのような誤記や虚偽があるというのか。頼房・頼重・頼常の死をめぐる記述から見ていこう。

頼房の死について。中村は「十竹曰《いわく》」という書き出しで、冒頭から憤りを爆発させている。

「此条誤《このじょうあやまり》多く、虚誕尤《きょたんもっとも》甚《はなはだ》しく観るに足《た》らざれども、余りの可笑《おかし》さに荒《あら》まし原文を出し、且其《かつその》誤を弁ず」。間違いだらけでウソも多い。読むに値しない記述だ。原文にそって誤りを指摘したい、というのだ。

小神野は頼房公が隠居して水戸にいたと書いているが、それは大きな間違い。頼房公は藩主として（「御政事の為」）江戸から水戸へ赴き、発病。寛文元年七月二十九日に逝去した。小神野は病名を「癰腫《ようしゅ》」としているが、他の文献には載っていない（本当に癰だったのだろうか）。笑っちゃうのは頼房公を義公《ぎこう》と呼んでいること。義公は光圀公の謚《おくりな》で、頼房公は威公《いこう》である。光圀公が見舞いのため水戸へ向かった際に、多くの供をひきつれ、三日もかけて到着したというのも事実と異なる。光圀公は頼房公危篤と知って直ちに駆け付けた。また英公の御暇願いの許可が光圀公より三日遅れたとしているが、旧記には七月十九日（頼房の死の八日前）に上使の土屋兵庫頭《ひょうごのかみ》から英公に御暇許可が伝えられたとある。これらはいずれも英公が八木弥五左衛門一人をひきつれて一日で駆け付けたというフィクションを事実らしく見せるためのウソ（「作意の文」）だろう。しかも八木は当時「渡り徒士」などではない。彼は正保《しょうほう》元年（一六四四）に藩の目付を拝命、頼房公逝去の年には奉行だった。

頼房と光圀の謚を間違えるなど小神野の初歩的なミスや記録（文献）との齟齬《そご》を指摘する中村。

なかでも英公に付き添った八木弥五左衛門が水戸の御殿の玄関前まで走り着いた話については「人をバカにしたような大ウソで、笑うしかない」（「大虚談、人を馬鹿にしたる筆記、尤《もっとも》可笑《おかし》」）と言い、さらに小神野の人柄まで「キツネのような性分で、人をだまそうとする油断のならない人だ」（「彼は狐に似たる性分にて、油断のならぬ人也」）と悪しざまに評している。「小神野は子孫のために『盛衰記』を書いたと述べているが、このような作り話（「虚談」）が一体なんのためになるのだろうか」とも。

たしかに頼房の諡は義公ではなく威公だ。ほかにも『盛衰記』には誤記が多い。八木弥五左衛門も当時は高松藩の奉行職だったのだろう。だとすれば小者《こもの》のように馬上の英公に単身で付き従ったはずはない。

しかしだからといって、英公と八木の話が小神野個人によってでっち上げられたとは思えない。彼が『盛衰記』を書いていた頃には、そのような伝説（物語）が古老たちの間で語られていたに違いない。伝説が語り継がれていたという事実もまた、歴史の一部ではないだろうか。道中や玄関前における英公と八木のやりとりは、寛文元年当時、十七世紀半ばの武士の主従関係を史実以上にあざやかに照らし出している。当時の家来とりわけ複数の大名家を渡り歩いた八木のような家来は、主君に臆せずものを言ったのである。主従の間には十八世紀以降ほど堅苦しい作法がなかった。

中村十竹は、小神野の人柄を酷評し、その記述を全否定したかのように見えるが、実は頼房の死をめぐる一番重要な記述については言及していない。それは頼房が最期に英公と〝和解〟する感動的な場面だ。細かい点を指摘しながら、肝心な場面の是非を語っていないのである。加えて、当然のことながら中村の指摘にも誤りがある。彼は頼房の病名が癰だったことを、『桃源遺事《とうげんいじ》』（光圀の伝記。元禄《げんろく》十四年〔一七〇一〕成立）などの文献に見えないという理由で疑っているが、文《ぶん》政《せい》十年（一八二七）の序を持つ石川清秋の水戸藩編年史『水戸紀年』の威公の章には、寛文元年六月に「公癰ヲ患玉《わずらいたま》フ」と記されている。

英公の死をめぐる記述についてはどうか。

英公の霊が龍に姿を変えて天に昇ったという話も、中村が信じるはずはない。作り話にしてもあまりに奇っ怪だ（「奇談に失す虚談なり」）と言い切り、これまた小神野のでっち上げではないか（「光瑞の作なるにや」）と疑った末、すべては推量から生まれたウソ（「推量の虚説」）と結論している。

英公の亡骸が納棺されたのは元禄八年（一六九五）四月十四日夜八つ時（午前二時）。深夜に加えて激しい風雨だった。だとすれば、龍が昇天する姿など見えたはずはないとも言う。なるほど理にかなっている。

納棺の当日、「父」が般若台（英公の墓所）で終夜当番で詰めていたと小神野が書いた点も、用語にうるさい中村は見のがさない。般若台に詰めていたのは実父の永瀧助六だった。養子に出た小神野が実家の父を「父」と呼ぶべきではないというのだ（養父だけが父）。中村はまた、永瀧助六は当日、御馬廻《おうままわり》の組頭として夜七つ時（午前四時）に墓番の衆をひきいて法然寺に向けて出立し、般若台で終夜番を務めたが、特に御用はなかったと補足している。詳しい。調査に時間を惜しまない性格がうかがえる。

龍身昇天の話が「密事」だったとする説にも、真っ向から異議を唱えている。本当に龍が昇天するのが見えたとすれば、下僕や日傭《ひよう》など多くの者が目撃したはず。彼ら下々まで口封じされたとは思えないというのである。

ウソかホントかと問われれば、ウソに決まっているとしか答えようがない。ウソはウソとして、英公と八木弥五左衛門の伝説同様、このような伝説（虚談）が藩士の間で囁かれていたという事実は貴重な歴史ではないだろうか。それは英公個人の伝説であるばかりでなく、藩祖（初代藩主）を超人的な存在として崇《あが》めた藩社会の集団心理を、あざやかに示した虚構《ウソ》である。

次に節公の死病告白と隠居について。意外にも中村は小神野の記述を認めている。実父等から聞き取りし書いているため、『盛衰記』の記述はほぼ事実だという（「実父助六等が物語を以て記せると見えて、大底此《たいていここ》に記せる趣《おもむき》実事なり」）。

とはいえ大小の誤記も。間違い探しの中村の筆鋒《ひっぽう》は鈍ることがない。小神野は辻八郎右衛門を年寄役と書いているが、節公が隠居したとき辻はまだ奉行役で、年寄役になったのは隠居から十二日後の二月二十二日。したがって節公が血痰を示したのは、大久保主膳《しゅぜん》、米原惣兵衛《よねはらそうべえ》、間島伊《まじま》右衛門だったはずだ。

横目の松崎仁兵衛に目見《めみえ》を仰せ付けられたというのも大きな間違いである（「甚《はなはだ》誤なり」）。松崎は馬廻番組で横目を拝命するような者ではなかったし、だいいち当時は高松にいたい。

中村の指摘は止まる所を知らない。小神野は節公が隠居宅の目黒屋敷に移ったのを、名を新五郎様と改めた翌日としているが、これも事実と違う。節公が龍の口の上屋敷から目黒屋敷に転居したのは二月十四日で、同日八つ時（午後二時）に上屋敷を発ち七つ時（午後四時）過ぎに目黒屋敷の瀧の間に着座した。新五郎様と改めたのは三月四日である。

節公が御屋敷を去る際に、お供の人数がすくなくものさびしい様を見て上屋敷の人々が大泣きした（「大《おお》いに落涙也」）と『盛衰記』にあるのは事実だ（「是は事実なり」）。辻八郎右衛門が大声で泣いたというのも。

それにしても節公は、なぜかくも簡略な供連れで上屋敷を出たのだろうか。中村は節公の心中を次のように忖度している。

（英公を批判するようで）畏れ多いが、英公は隠居後もなに不自由ない日々過ごした（「万《よろず》に御十分に遊されし」）。対照的に節公は、実父光圀公に倣って、藩にできるだけ負担をかけぬよう、不自由を厭《いと》わず節倹に努めた。誰もが公の明徳に感服した。

中村の指摘を続けよう。

目黒屋敷へ向かう節公の行列はたしかにさびしいものであった。しかし小神野の記述にはすこし誤りがあるので、訂正したい（以下、節公の駕籠《かご》脇に小性頭の森太右衛門と伊庭斎宮《さいぐう》が従った等々、御供の人々を挙げ、小神野が言うほど簡略でなかったと述べているが、煩瑣《はんさ》なので割愛する）。

小神野が、大殿様（節公）附《づき》の家臣が山田長純、岡田芳庵、田中伝右衛門の「三人ほど」だったと書いているのは、大きな誤りだ。田中は二月十三日に五十俵四人扶持で大殿様附に任ぜられた。田中は金銀の管理と財務一般を一任され（「御勝手向の御用一人に仰付られ」）、膳部（節公の食膳の調理人）は務めていない。

目黒屋敷で節公に仕えたのは、ほかにも中津川源内（茶道頭並）、岡田春的（茶坊主並）、山田長淳（噺之者並）、大山了悦（同）、片山孫三郎（風呂屋頭）、江口仁大夫ほか四人の庖丁人と寺井養悦ほか三人の奥坊主。そして小僧の長尾春和と本木貞悦、草履取りの高橋才次郎がいた。「三人斗《ばかり》と云《いう》は誤なり」。

中村の調査は綿密だ。指摘通りなのであろう。しかし反論できない（死人に口なし）小神野のために弁護も必要だ。小神野が三人ほどと書いたのは、あくまで主だった家臣の数で、茶道頭並以下は数に入れていなかったのではないか。小神野にしても、まさか節公の草履を扱う小者（草履取り）が目黒屋敷にいなかったとは思っていなかったはずだ。

隠居後の節公に仕えた大殿様附の人数をめぐって、些細な点も見のがさない中村が、精密さに欠けるアバウトな小神野に食ってかかったのである。

偏執的で粘着質と思える中村だが、お蔭で『盛衰記』の世界が、より正確かつあざやかに照らし出された。節公隠居の箇所でとりわけ有用なのは、目黒屋敷への見舞に関する中村の補足だ。節公が保養のために見舞を謝絶したという小神野の記述を事実であると認めながら（「誰にても目黒へ御機嫌伺に出たらんは御保養の御邪魔仕《つかまつる》と御心得遊さるゝと仰出されたりと云は、光瑞記せる所実事なり」）、中村は家臣たちの見舞と節公の対応について、史料を挙げて詳しく記している。

節公に親しく仕えた家臣たちは、見舞はさし控えるようにという節公の指示（「尊慮」）にもかかわらず、目黒屋敷に出向いて節公の容体（「御機嫌」）を伺った。応対したのは御近習《ごきんじゅう》御用達並として節公に仕え、節公隠居後は大殿様附となった雑賀平左衛門邦高である。家臣たちは雑賀に節公には内密にと申し含めたが、雑賀は逐一節公に報告した。そうするよう節公から指示されていたからだ。

節公は「老中分《ろうじゅうぶん》」（年寄）には「高松前《さきの》城主少将」あるいは「少将」の名で礼状を出し、その他の家臣には、雑賀から手紙で節公の謝意を伝えた。このことは雑賀自筆の日記に書かれている。

中村は雑賀の日記に載っていた節公の礼状や雑賀の手紙まで『消暑漫筆』に記している。計五通。うち年寄の米原惣兵衛に宛てた節公の礼状と、足軽頭格目黒御留守居の北原彦大《ひこだ》夫《ゆう》宛の雑賀の手紙は次の通りだ。

以手紙申入《てがみをもってもうしいれ》候　然《しから》ば当屋形《やかた》え移《うつり》候
已後《いご》　毎日医師休息所迄出来《までしゅったい》
令満足《まんぞくせしめ》候　将又《はたまた》先頃家中之者
共え直々申聞《もうしきけ》候《そうろう》通　今程《いまほど》内外之
世話相止《あいやめ》　養生一偏と奉事　定《さだめ》て
聞及可被申《ききおよびもうさるべし》と存事候《ぞんじそうろう》　右為謝礼如此候《みぎしゃれいのためかくのごとくそうろう》　謹言

二月廿日《はつか》

高松前城主少将

米原惣兵衛殿

以手紙申入候　然ば毎日御医師衆
部屋迄御出之趣　達御耳《おみみにたっし》　太儀《たいぎに》
被思召候《おぼしめされそうろう》　併《しかし》先日之被仰渡之《おおせわたされの》
上《うえ》は毎度罷出候《まかりいでそうろう》に不及候《およばずそうろう》　此段

可申達由《もうしたっすべきよし》　被仰出候《おおせいだされそうろう》　以上

雑賀平左衛門

二月廿日

北原彦大夫殿

米原も北原も、毎日目黒屋敷の医師の部屋を訪れ、節公の容体を尋ねた。節公は満足の旨を米原に伝え、北原へは雑賀から節公のねぎらいの言葉を伝えた。いずれの手紙でも、見舞は控えてほしいという節公の意向が繰り返されている。

◆小神野と中村という絶妙コンビ

陸游の詩句を引用する中村十竹と、「子らよ子らよ」と俗謡まじりの自序を綴った小神野与兵衛。二人は、性格も趣味・教養も対照的だ。共通しているのはどちらも高松藩士で、引退後、高齢で藩の歴史を調査し、それぞれ『盛衰記』『消暑漫筆』という著作をのこしたことくらいだろう。

にもかかわらず中村は、五十七年も前に亡くなった（おそらく面識もない）小神野に強烈なライバル意識を抱き、まるで不仲の同僚や仇敵に対するかのように、厳しい言葉を浴びせた。

「光瑞が記せる所、段々誤あり」「古き物語を光瑞が聞《きき》たがひ」などはごく穏やかな方で、「記す所惣じて信じ難し」とか、「すべて虚談なり」とか。感情が激すると「委細を知ぬ小人の推量にて作り出せる傅会《ふかい》の説なるべし」とまでこき下ろした。事情を知らない小人の当て推量で、こじつけの説だという意味。小人が小神野を指すのは言うまでもない。

とはいえ理性的な知識人である中村は、無闇矢鱈と否定したわけではない。正しいと思えば小神野の記述を評価したし、自分がわからない箇所は、わからないと素直に認めた。

中村と小神野が面と向かって話す機会がなかったのも、後世の歴史研究者にとっては幸いだった。中村に理詰めにやりこめられたら、小神野はショックで『盛衰記』の原稿を焼き捨ててしまったかもしれない。小神野が書きとめた貴重な聞き書きの数々は、後世に伝わることなく忘れ去られてしまったかもしれないのだ。歴史の喪失。それは歴史研究者ばかりでなく、すべての人にとって大きな損失である。

『盛衰記』の記述は、中村十竹という緻密で執拗な批判者を得ることで、歴史書としての厚みを増し価値が磨かれた。同時に中村自身の老後も光を増したに違いない。

夏の昼下がり、『盛衰記』をひもとき、旧記を調べながら訂正と補足の筆を入れていく。誰に命じられたのでもなく、誰に急かされるのでもなく。『消暑漫筆』の行間からは、充実した余生を送る中村の満足感が立ちのぼり、老人と歴史の愉しい語らいが髣髴《ほうふつ》される。

小神野だけでなく、中村もまた歴史を編む人となり、歴史を編む人は歴史を編む人たちとなった。中村は口の悪い相方《あいかた》として、亡き小神野と絶妙のコンビを組んだのである。

以下、本書は随所に中村の指摘（訂正と批判）を挟みながら、『盛衰記』の世界に分け入ることにしよう。

最初のテーマは父と子。臨終のとき徳川頼房はなぜ長男の松平頼重（英公）に「どうして憎いはずがあろう」と告白したのか。父と子はどのように不和だったのか。

＊高松藩士の職制について、参考までに概略を述べておこう。

年寄（老中、家老とも）は政務の実権を持ち、**大老**は年寄の諮問《しもん》を受けて諸事指図を与える。**奉行**は藩政全般の実務を担当し**大納戸・勘定奉行・郡奉行・町奉行・船奉行・作事奉行・鉄炮奉行**ほかを管轄する。**小姓頭**は藩主が作成した文書の伝達、殿中の諸記録の作成、作法や旧例の吟味などを担当。**寺社奉行**は寺社、朱印地を管轄する。**横目**は藩主直属の監察役（目付）で、**徒目付**を配下に従える。

以上が高松藩の行政機構。これに属さない非役の家臣は藩の軍団を構成する。**大番組・書院番組・馬廻組・留守居番組・惣領組・新組**の各組があり、それぞれ番頭、組頭の配下となる（『香川県史』第三巻・通史編近世Ⅰの記述に拠る）。

もっとも右は十八世紀以降のもので、藩政初期の職制については不明な点がすくなくないという。

第二章

頼房と、その子、頼重、光圀。父は息子を〝水〟にしようとした。

江戸時代の「父と子」の意外な真実

◆親子の深い情愛という幻想

しっくりいかない父と子。愛されない息子と親不孝。古今東西、無数に繰り返された不和と和解は頼房、頼重、頼常……だけの問題ではなかった。『盛衰記』の世界に入る前に、まず江戸時代の親孝行と親不孝、父子の不和を振り返ってみたい。

戯作《げさく》者、文人として著名な幕臣、大田南畝《おおたなんぽ》（一七四九―一八二三）の随筆『一話一言《いちわいちげん》』にこんな話が（意訳）。

竹箒《たけぼうき》を商う三十七歳の吉五郎が、母親を大切にする孝行者として、町奉行に呼び出された。町奉行の永田備後守は、吉五郎の孝心を称え、ご褒美として銀五枚を下された。

永田備後守正直《まさなお》は文化《ぶんか》八年（一八一一）に北町奉行を拝命し、在任中の文政《ぶんせい》二年（一八一九）に没した。吉五郎が褒賞されたのはこの間のことだろう。どのような孝行をしたのか南畝は記していないが、ともかく吉五郎は感心な孝行者として顕彰され、銀五枚を頂戴したのである。問題はそのあと。

奉行所からの帰途、吉五郎は「八丁堀御掛り様」（孝行者の顕彰を担当する町奉行所与力か）に呼び止められ、同人のもとに参上した。そこで吉五郎はこう戒められた。「孝行者としてご褒美を頂戴した者は、その後慢心して不孝者になり、お叱りを受けるケースがすくなくない。これからも気を引き締めていっそう孝行するように」。

原文は「是迄孝心之者、度々心得違いたし慢心おこし、却《かえっ》て御褒美頂戴之後《のち》不孝にて被叱《しかられ》候《そうろう》者も有之《これあり》候《そうろう》事故《ゆえ》、猶又此上《なおまたこのうえ》大切孝心可仕由《つかまつるべきよし》」。ご褒美目当てに孝行を演じた者が多かったのか、なまじ顕彰されると人間が変わってしまうのか。いずれにしろ孝子であり続けるのは難しいということだろう。すくなくとも江戸時代の息子や娘は今日よりずっと親孝行だったという幻想はくつがえされた。南畝は、孝子節婦《せっぷ》の善行を収録した幕府の編纂物『孝義録』の執筆者でもあり、それだけに孝行者の〝その後〟に関心が深かったのだろう。

ちなみに吉五郎は金杉水道町《かなすぎすいどうちょう》（現・文京区）の家主井筒屋佐兵衛の店子《たなこ》で、貧しい庶民だった。

貧困者の親孝行について、キリスト教社会運動家の賀川豊彦《かがわとよひこ》（一八八八―一九六〇）が、『貧民心理の研究』（一九一五年刊）で興味深い見解を述べている。賀川は神戸市新川《しんかわ》の貧民窟で伝道と貧民救済に従事した経験があり、いささか過激で独断的ではあるが、その見解は傾聴に値する。

賀川は、大正二年（一九一三）十一月十九日の「万朝報《よろずちょうほう》」に「孝子の堕落」と題する記事を見つけた。京橋区月島通（現・中央区）の住人で、魚の売り子を生業とする広辺定吉（二十四歳）は、孝子《こうし》として区の教育会から表彰されたが、やがて身を持ちくずして博徒《ばくと》の仲間に入ったというのだ。

孝子変じて博徒となる。賀川は同様の例が貧民窟の住人に多いと言い、その理由を次のように記している（原文）。

「このあたりの心理は貧民窟外の人々の理解の出来ぬことであつて、別に孝行はせねばならぬからと云つてして居るのでも無ければ、努力して居るのでも無い。貧民窟外に労働して居れば貧民窟を忘れ、戸口を出づれば親を忘れ、家を見れば窟外を忘れ、親を見れば世を忘れると云ふ、直覚的、本能的な下等動物の意識と同一な作法によつて孝行といふ行為になるものらしい」

貧民窟の子は、親に孝行したい、孝行しなければという気持ちで孝行するのではなく、さながら「下等動物」のように直覚的にそうするだけであって、「その無意識的行動がどうかして破れると、その人間はもう前と打つて変つて、悪人となる」。環境の変化で簡単に悪人に様変わりしてしまうというのだ。

大田南畝も賀川豊彦も、時代の違いこそあれ、どちらも貧しい庶民の親孝行を取り上げていた。もちろん孝不孝は庶民だけの問題ではない。江戸時代の一流の儒者（知識人）のなかにも、親孝行は人間の天性とする常識に異論を唱える人がいた。

その人の名は荻生徂徠《おぎゅうそらい》（一六六〇―一七二八）。将軍徳川吉宗の諮問を受けて『政談《せいだん》』を著した碩学《せきがく》だ。

徂徠によれば、「道」は中国古代の七人の聖人（堯《ぎょう》・舜《しゅん》・禹《う》・湯《とう》・文王《ぶん》・武王《ぶ》・周公《しゅう》）が統治（政治）のために人為的に定めたもので、父母を敬う孝も人為的な「道」にほかならない。儒教で基本とされる五つの人間関係（父子・君臣・夫婦・長幼《ちょうよう》・朋友）のうち、人間の天性と言えるのは夫婦の愛くらいで、父母を敬うのは天性にあらず。聖人の作為だという。

親子の情愛を否定したような過激な学説。朱子学者の室鳩巣《むろきゅうそう》（一六五八―一七三四）は、昔から数々の説が唱えられてきたが、これほどの邪説は聞いた覚えがないと、徂徠を激しく糾弾した（『駿台雑話《すんだいざつわ》』）。しかし鳩巣がどう非難しようと、親子の間、とりわけ父子の間が夫婦の間ほどしっくりいかないのは事実だった。冷め切った夫婦や修羅場を演じる夫婦はすくなくない。それでも亀裂が生じた父と息子の深刻な関係と較べたら……。

寛文《かんぶん》十年（一六七〇）八月二十八日、五十歳の旗本天野《あまの》長重《ながしげ》は、成長した子と親の関係の難しさを『思忠志集《しちゅうししゅう》』に綴った。「親に孝行をしたいなら、なにより親の顔を見に来るべきだ」（意訳）。しかし実際には「親は子に会いたいと思うが、子は会うのを嫌がる」（同）。なぜ子は親に会いたがらないのか。天野は理由をこう記している。「親は会いたいと思って会うから、子と面と向かっても気疲れがないし、体調がすぐれなければ臥せったまま会うこともできる。ところが息子の方は、父の前では膝もくずせず、言いたいことも言えない。気詰まりなだけだ」（同）。息子たちよ。君たちが会いに来ないのもわかるよ、というわけ。天野のように理解がある父親でも、息子たちは敬遠した。通常の旗本の家で父と息子の間がうまくいかなかったとしても、不思議ではない。

◆繰り返される大名家の父子不和

父子の不和は、大名の家でもしばしば見られた。藩主と嫡子の間に大きな溝が生じた一例として、『武門諸説拾遺《ぶもんしょせつしゅうい》』から「丹羽主殿《とのも》出奔之事」を挙げてみよう。

延宝《えんぽう》七年（一六七九）八月十一日、陸奥国二本松藩の前藩主丹羽光重《みつしげ》の次男丹羽重昌《しげまさ》が、白川《しらかわ》に見物に行くと偽って、二本松を抜け出した。七人のお供を従えて向かった先は江戸。江戸に着いた丹羽重昌主従は、尾張殿（尾張藩主徳川光友《みつとも》）の屋敷に駈け込んだ。

重昌はなぜ尾張藩邸に駈け込んだのか。

この年の四月に光重は隠居。藩主を退くに当たって重昌に千五百石を加増した。重昌にとっては喜ばしいはずだったが、重昌は、これは自分を陪臣《ばいしん》（家来筋）にするつもりに違いないと邪推し、悲歎《ひたん》のあまり二本松を抜け出たのだった。

重昌はその後どうなったか。『武門諸説拾遺』はふれていないが、光重を継いで藩主になった兄（長次《ながつぐ》）の養子となり、兄の死後、藩主になっている。出奔したのは二十四歳の年。父光重との日常的な不和が疑心を生み、突発的な行動に出たのだろう。

『武門諸説拾遺』の著者は、丹羽重昌の一件に続いて、近年大名家で同様のいざこざが相次いでいると述べ、大名家の父子不和の例を挙げている。本来なら藩主を継ぐべき身でありながら、父に嫌われたために、国許や江戸の下屋敷で蟄居《ちっきょ》させられた息子たち。同書が挙げたのは左の面々である。

福岡藩主　黒田光之《みつゆき》の嫡子　黒田綱之《つなゆき》
龍野藩主　脇坂安吉の嫡子　脇坂安村《やすむら》
平　藩主　内藤義泰《よしやす》の長子　内藤義英《よしひで》
上山《かみのやま》藩主　土岐頼行の惣領　土岐頼長《よりなが》
尼崎藩主　青山幸利《よしとし》の長男　青山幸実《よしざね》

嫡子でありながら、父に遠ざけられ原因はなんだったのか。『武門諸説拾遺』にはなにも書かれていない。幕府が編纂した大名旗本の系譜集『寛政重修諸家譜《かんせいちょうしゅうしょかふ》』をひもといてみよう。

黒田綱之は、延宝五年（一六七七）二月十三日に病を理由に嫡《ちゃく》を辞し（家督相続権を失い）、宝永《ほうえい》五年（一七〇八）七月六日に福岡で没した。享年五十四。

脇坂安村は、延宝六年九月に病で嫡を辞し、宝永三年九月二十五日に没した。享年五十一。

安村は、天和《てんな》二年（一六八二）九月十九日に、父に不敬をはたらいた咎で酒井忠隆《ただたか》に預けられ、監禁の身となった。許されたのは、元禄十四年（一七〇一）十二月十二日。監禁は二十年に及んだ。

内藤義英は、寛文十年（一六七〇）に将軍家綱《いえつな》に初めて拝謁《はいえつ》（初御目見《はつおめみえ》）をしたのち、某年、病のため嫡を辞し、享保《きょうほう》十八年（一七三三）九月十四日に磐城《いわき》（平）で没した。享年七十九。

土岐頼長は、延宝六年（一六七八）に多病のため嫡を辞し、元禄七年（一六九四）五月十日に没した。享年五十三。

青山幸実は、承応《じょうおう》三年（一六五四）より後の某年、病で嫡を辞し、宝永二年（一七〇五）六月十七日に没した。享年六十八。

いずれも子の病が廃嫡の理由とされているが、それが表向きの理由だったのは容易に察せられる。

丹羽重昌の例を含めて六例の廃嫡のうち、四例までが延宝五年から七年の間で、ほかの二例もほぼその頃だ。しかもいずれの場合も御家騒動など深刻な事件には発展していない。言いかえれば、当時、同様の事態が、程度の差はあれ多くの大名家で起こりえたと推測される。

◆親に愛されなかった武家の御曹司たち――松平忠輝、徳川家光

父と息子の不和をもたらした原因は、子の不孝とはかぎらない。子が孝の重要さを教育され、父を意識的に敬うようになるのは、早くても少年期以降であろう。乳幼児の頃から父と子の間がしっくりしないとすれば、その原因は父親の側にこそあったのではないか。

幼い頃から父親に愛されなかった息子というテーマは、洋の東西を問わず、歴史や文学、芸術作品に繰り返し刻まれてきた。愛されない子。『虚無への供物《くもつ》』等の作品で知られる作家、中井英夫《ひでお》（一九二二―九三）もそのひとりだ。

中井の自伝的小説『黄泉戸喫《よもつへぐい》』にこんなくだりが。

いつとも知れぬ幼年期に京吉（＝中井）はこの父からじかに、致命的な言葉を聞かされた。それは彼が寝ようとしてまだはっきり意識のある時、父と母とが布団を取り包むようにしてしばらく寝顔を眺めたあげく、二人はこういった。「なんてみっともない顔をしてるんだろうね、この子は」「左様でございますねえ」

幼い「京吉」は、まだ自分の容貌になんの自覚もなかったが、父親の「残酷な宣言」を耳にして以来、「深い劣等感の底に沈んだ」。

父の中井猛之進《たけのしん》（一八八二―一九五二）はすぐれた植物学者で、東京大学教授、小石川植物園長、国立科学博物館長を歴任した知識人である。中井英夫はしかし父の「致命的な言葉」に傷つき、父子は終生相和すことはなかった。

誕生した息子の容貌を忌み嫌う父。徳川家康もまた、六男松平忠輝《ただてる》（一五九二―一六八三）の容貌が醜悪だと言って嫌ったという。

新井白石著『藩翰譜《はんかんふ》』は、家康が、誕生したばかりの忠輝の顔がたいそう黒く、眥《まなじり》が逆さに裂け恐ろしげなので憎み嫌い、捨てるよう命じた（「憎ませ給ひて、捨てよと仰《おおせ》あり」）と伝えている。

捨てられるはずの忠輝は、幸い皆川広照《みながわひろてる》によって養育され、命を救われて辰千代《たつちよ》と名づけられた。七歳のとき、その利発さを耳にした家康は、辰千代を側に召して顔を凝視したのち「恐ろしい面がまえだ。幼い頃の三郎にそっくりだ」（「おそろしき面魂《つらだましい》かな、三郎が幼かりし時に違ふ所なかりけり」）と語ったという。

三郎とは、家康の長男、次郎三郎信康《のぶやす》（一五五九―七九）。家康と不和で、二十一歳で切腹を迫られた。

京都町奉行や江戸北町奉行を務めた旗本、浅野長祚《ながよし》（一八一六―八〇）は、維新後に著した随筆『寒檠璅綴《かんけいそうてつ》』で、長男信康を切腹させた家康の行為を「仁慈ノ道ヲ欠キテ御失徳ノ一《ひと》ツ」と批判した。維新後とはいえ、旧旗本の身で神君家康を非難するのはよほどのことである。切腹を命じた理由について、浅野は諸説があるが、詰まるところ家康が信康を愛していなかったからだと断言している（「必竟《ひっきょう》スルトコロ愛ヲ父君ニ失ヒタマヒシ故ニテコソアリケレ」）。さらに辰千代（忠輝）を三郎（信康）に重ね合わせて、恐ろしい面魂だと吐き捨てるように言ったのは、家康が乳呑み児のときから信康を愛していなかったなによりの証拠だとも。信康もまた誕生当初から父に嫌われた不幸な子だったというのである。

忠輝は八歳で長沢松平家を継ぎ、その後、信濃国と越後国に計七十五万石の領地を与えられたが、元和《げんな》二年（一六一六）に改易。天和三年（一六八三）に九十二歳で没した。

家康の孫、三代将軍徳川家光《いえみつ》の場合は、父にも母にも愛されなかった。乳母の春日局《かすがのつぼね》は「東照大権現祝詞《のりと》」の中で、家光と父母の不幸な関係を赤裸々に回顧している。

そうげんいん様（崇源院様）、君（家光）をにくませられ、あしくおぼしめすにつき、たいとくいんさま（台徳院様）も、おなじ御事に、二しん（親）ともににくませられ、

母（崇源院　お江《ごう》の方）に憎まれた家光は、父（台徳院　二代将軍徳川秀忠《ひでただ》）からも疎《うと》まれていた。両親から憎まれていたというのである（両親は家光の弟忠長《ただなが》を世嗣《せいし》にしようとしたが、春日局が家康に訴えて回避させたという話はよく知られている）。

父に流されかけた英公（頼重）――出生から成人まで

◆頼房はなぜ、英公と光圀を〝水〟にしようとしたか

頼房と英公の関係はどのようなもので、不和の原因はなんだったのか。その問題にふれる前に、われわれは英公の誕生から成人までの軌跡を振り返らなくてはならない。

英公は、元和八年（一六二二）七月一日、初代水戸藩主徳川頼房の長子として、江戸麴町《こうじまち》にある三木仁兵衛之次の別邸で生まれた。

なぜ水戸藩邸ではなく家臣の別邸で誕生したのか。それは英公の誕生を頼房が望まなかったからら。英公を懐妊した谷左馬介重則の女久《むすめひさ》（久子、のちに高瀬局、久昌院《きゅうしょういん》と称された）は、ひそかに三木の別邸に運ばれ、英公を産み落としたのである。

頼房は三木に「子を水《みず》にせよ（堕胎させろ）」と命じていた。ところが三木は、妻の武佐《むさ》と相談し、家康の側室で頼房の養母となった英勝院《えいしょういん》にも諮《はか》って、主命に背いて久に出産させた。誕生した男児は竹丸と命名された。

武佐は以前、侍従の名で後陽成《ごようぜい》天皇の女御《にょうご》中和門院に仕え、その後、頼房の乳母も務めていた。主命に背いて久を出産させるという危険な仕事をこなせる知識と機転をあわせ持っていた。

頼房が長子の誕生を望まなかった理由はなにか。この年頼房は二十歳。兄の徳川義直《よしなお》（尾張国名古屋藩主　二十三歳）と徳川頼宣《よりのぶ》（紀伊国和歌山藩主　二十一歳）にまだ子がなかったため、兄たちに先んじて子をもうけるのを忌避したから、と伝えられている。

兄たちに遠慮して初めての子を堕ろさせようとした。いかにももっともらしい理由だが、はたして本当だろうか。

この説は、すでに江戸期から疑われていた。新井白石は『藩翰譜』で、英公は「頼房卿《きょう》の長子なれど、如何なる故にてか、御子ともし玉《たま》はず」と書いているし、嘉永《かえい》六年（一八五三）に幕府が編纂した『藩鑑《はんかがみ》』（林復斎《ふくさい》監修）は、頼房が「訳有て水になし申《もうす》べきよし」と三木に命じたとしている。さらに前掲の『水戸紀年』にも、英公は「故アリテ三木仁兵衛之次ガ江戸麹町ノ邸ニ生ル」とある。

理由は不明だが（「如何なる故にてか」）、事情があって（「訳有て」「故アリテ」）等々。確かな理由はわからない、あるいは憚《はばか》るところがあって明記できない、というのだろう。

ところで頼房は、英公だけでなく、光圀が誕生したときも、三木に水にするよう命じている。英公と光圀。二人の共通点はどちらも久の腹から生まれた点だ。

奇妙なことに、英公と光圀の間に生まれた一男四女について、頼房は堕胎を命じていない。頼房は終生妻（正室）を持たず、十指に余る妾（側室）に二十六人の子女を生ませ、うち二十二人（男子十人・女子十二人）が成人した。うち久（谷久子）が産んだ英公と光圀だけが危うく水にされかけたのである。

立原翠軒《たちはらすいけん》『西山遺聞《せいざんいぶん》』は、側室の中で権威があった佐々木勝《かち》が、他の側室が懐妊すると必ず堕胎させたと記している。はたしてそうだとすれば、原因は女の嫉妬で、頼房本人ではなかったことになる。野口武彦氏はこの説を「大にありそうな話である」と評している（同『徳川光圀』）。

永井博氏は、生母は同じでも英公と光圀では状況が異なるという。光圀の場合は勝に対する配慮で水にするよう命じたと思われるが、英公の場合は、奥向を取締まる老女だった久の母が、頼房が「母について奥に出入りしていただけ」の久に手をつけ、孕ませたことに立腹した可能性があるというのだ（茨城県立歴史館特別展「頼重と光圀」解説）。

水戸藩政と水戸学の研究者、吉田俊純氏の大胆な推論も紹介しておこう（同「徳川光圀の世子決定事情」）。

頼房はなぜ長子英公を堕胎させようとしたのか。吉田氏は、頼房が逸脱的な〝かぶき者〟気質に富んでいた点に注目。「はじめての子に流産を命じたのは、きわめて個人的な感情的な問題」で、「そこに世間的な、一見合理的な理由付けは不必要である」と言い切る。頼房のような奔放な精神構造の男に、兄たちへの遠慮等、もっともらしい動機があったとは考えられないという。

では光圀を堕胎させようとした理由は。吉田氏は、久の妊娠が英公の生存が露顕した時期と重なり、命に背いて英公を出産していた久に頼房が激怒したと推測する。このため「ふたたび（久が）出産することを頼房は認められなかったし、もはや寵愛することもなくなった」と。氏はこのような自説を「実証する史料などはない」と述べている。あくまで大胆な推論に過ぎないのだが、のちに述べる頼房の気質を考えれば、ありえない話とも思えない。常識から逸脱した人物の動機をさぐるためには、歴史学の常識を破る大胆な推論も、ときに有効かもしれない。

◆父を恐れて京都に潜伏

英公のその後を、『増補高松藩記』（一九三二年刊。一八八一年刊『高松藩記』の増補版）、『高松藩祖　松平頼重伝』（一九六四年刊）の記述によって、駆け足でたどってみよう。

誕生後、英公は三木仁兵衛の江戸別邸で順調に成長する。しかしこのまま江戸に置けば、いつか正体が露顕して英公の身に危険が及ぶかもしれない。幸い三木の女《むすめ》は滋野井《しげのい》大納言季吉の妻となっていた。英公の身を憂慮した三木仁兵衛と武佐は、滋野井に願い、英公を上京させることにした。

滋野井は、嵯峨天龍寺《てんりゅうじ》門前に住む福島家の浪人、岡本庄右衛門輝久に英公を託し、岡本は天龍寺内にある無住の福寿庵を借りて英公を住ませる段取りを調えた。

寛永《かんえい》七年（一六三〇）六月、英公は九歳で上京する。六月二十二日に京に着いた英公は、滋野井の邸《やしき》で数日過ごしたのち、六月二十八日に福寿庵に移った。

英公の京都での暮らしぶりは、岡本の日記『嵯峨御由緒日記』にいきいきと記されている。京都に来て鉄炮の稽古を始めた英公は、嵐山で狩猟に熱中し、十月に入って手習と素読《そどく》を課されたが、学業に身が入らない。翌寛永八年二月には弓の稽古も始め、学業はますますおろそかに。このままではいけない。二月十五日、岡本は英公の素読の師を務める慈済院《じさいいん》（天龍寺塔頭《たっちゅう》）の詮《せん》長老に頼み、英公を福寿庵から慈済院に移したのだが……。

それからも天龍寺内で撃った小鳥をみずから調理するなど、度を過ぎた腕白振りで詮長老を困らせた。四月にはこんなことも。学業時間が終わって午後から川に蛍を捕りに出かけた十歳の英公は、捕ってきた蛍を岡本宅の蚊帳のなかに放ち、遊び疲れたのか、そのまま蚊帳のなかで寝入ってしまったという。

岡本の五月十三日の日記には「今日、庄右衛門方にて御あがき遊ばされ候。さてさて去年よりは御わるさ強く、母困り申候。何とぞ御怪我遊ばされず候様にと申上候」と見える（引用は『高松藩祖　松平頼重伝』から）。「悪戯をして暴れる英公は、去年よりいっそう腕白振りが増し、（岡本の）母を困らせている。お怪我をなさらなければよいが、と心配でならない」というのである。

手のつけられない腕白少年。そんな英公も次第に学問に興味を覚えるようになったのか、八月十五日に日記に「今日御学問御手習相済み、殊の外詮長老御褒美申し上げられ候」とある。栴檀《せんだん》は双葉《ふたば》より芳《かんば》し。さすがに悪戯と狩猟三昧の生活に飽きを感じていたのだろう。

寛永九年。十一歳の英公に大きな転機が訪れた。

英公が京都に隠れ住んでいる間に、頼房の養母英勝院が、英公の身をあんじて将軍秀忠にはたらきかけていた。ある日、秀忠から望みがあればなんでも申せと言葉をかけられた彼女は、頼房の長子が世上《せじょう》を憚って隠棲《いんせい》を余儀なくされている旨を告げた。驚いた秀忠は、寛永八年（一六三一）、英公を江戸に帰還させるよう頼房に命じた。しかし秀忠はその後体調を崩し、寛永九年正月没。英公の帰還は同年末にようやく実現したのである。

寛永九年十一月二十八日、水戸藩の使者と共に京都を出立した英公は、十二月二十二日に江戸着。小石川にある水戸藩邸内の別館で暮らすことになる。

寛永十四年（一六三七）十二月二十八日、英公は十六歳にして初めて頼房と対面した。翌十五年正月には、幕府老中や徳川義直（名古屋藩主）、徳川頼宣（和歌山藩主）と対面。十一月二日に従五位右京大夫《うきょうのだいぶ》に叙任せられ、十二月二十八日には、父頼房と寛永十年十二月に水戸藩の世子《せいし》（世嗣）に定められた弟光圀に従って登城。将軍家光に初めて拝謁した。

◆老中松平信綱、英公の栄達を祝す

英公は、どのような経緯で右京大夫に任ぜられたのだろうか。『盛衰記』は以下のような話を伝えている。

徳川頼房の嫡子（すなわち家康の孫）と認められた英公に対しては、たとえ世子でなくとも、それにふさわしい処遇がなされなければならない。老中たちの評議の結果は、―英公は水戸公の嫡子で、世子の兄弟だから、御三家の連枝《れんし》（兄弟）に当たり、二万石の格である―。

しかし英勝院の手前もあり、家光の上意は、もうすこし石高を増せないかというものだった。老中たちは再度評議し、―御家門《ごかもん》の格ならば二万石が上限だが、それより格下の譜代大名に取り立てるならば、何万石でも思召し次第―と申し上げた。家光は、格と石高どちらを選ぶか黄門（頼房）の意向を確かめるよう命じ、かくして老中の松平伊豆守信綱《のぶつな》が小石川の水戸藩邸に参上した。

松平信綱（一五九六―一六六二）は当時武蔵国忍《おし》藩三万石の藩主で、翌十六年に川越藩六万石の藩主となる幕府の重鎮である。幕政や藩政に敏腕を発揮したばかりでなく、才智すぐれ〝知恵伊豆〟の異名をとった人物だ。この年四十三歳。心身ともに充実していたと思われる。

信綱が上意の旨を伝えると、頼房は「将軍の御心のままに。なにせ隠し子なので、どのような処遇でもかまわぬ。伊豆殿から良いように申し上げてくだされ」と答えたのち、雑談まじりに、「とはいえ小身《しょうしん》（石高が少ない）だと、将来苦労するかもしれぬ」と笑いながら語った。頼房は上機嫌で、信綱に吸物と盃を下され、八十郎（英公）を呼び寄せ、信綱と酒を酌み交わした。

やがて信綱は扇子を開き、幸若舞《こうわかまい》の詞章《ししょう》を謡いながら、舞い始めた。「今は田舎へ下るまじ、宮中に留りて」「右京大夫に経上《へあが》りて宮中に交《まじわ》り、強勢の程ぞ勇しき」。

信綱が謡ったのは、幸若舞の一曲「入鹿《いるか》」の詞章にほかならない。話の筋は、常陸国《ひたちのくに》生まれの鎌足《かまたり》（藤原鎌足）が、夫役《ぶやく》で上京したのち才智を買われて高官に出世し、蘇我入鹿を誅伐する、というもの。信綱が謡ったのは、みすぼらしい姿ながら大臣の相があると評された鎌足が、常陸国に帰らず右京大夫に任ぜられ、殿上人として華々しく宮中に仕えるくだりだ。

前後を補うと「田舎へ今は下すまじ、宮中にとゞまりて、御門を守護し申せとて、文章生《もんじょうしょう》に任ぜられ、右京の太夫に経《へ》あがりて、宮中の交はり、はや雲客《うんかく》に成給ふ、果報のほどのゆゝしさよ」（『新日本古典文学大系』五十九）である。文言に異同があるのは小神野が聞き書きを記録したからだろう。ちなみに『小神野夜話』では、「強勢の程ぞ勇しき」は「威勢の程こそゆか敷《しき》」となっている。

『盛衰記』に戻ろう。

信綱は、英公の輝かしい将来を予祝して、めでたい詞章を謡い、そして舞ったのである。頼房は「八十郎が諸大夫《しょだいぶ》になったら、伊豆守殿が祝われたように右京大夫と名づけよう」とますます上機嫌になった。

信綱がその旨を家光に申し上げると、一両日して英公は江戸城に召され、常陸国下館《しもだて》藩六万石を拝領し、従四位侍従に任ぜられた。英公は、幸若舞「入鹿」と松平信綱の縁で松平右京大夫頼重と名乗るようになったと（小神野は記している）。

この話に中村十竹はどのように反応しただろうか。

まず英公の石高について。中村は、黄門公（頼房）が石高を増やすよう取り持ったというのはウソ（「虚談」）で、まさかそんな下品な話をしたはずがないと断言する（「かく鄙陋《ひろう》なる御意有《ある》べきとも思はれざるなり」)。

次に、もっとも肝心の点だが、右京大夫命名の経緯について。まるで小説のように面白く書かれているが(「恰《あたか》も江戸の草双紙《くさぞうし》を見るが如く面白くかきつゞりたりといへども」)、すべて作り話だと切り捨てている。非難の矛先はさらに小神野の人格におよび、彼はどうしてこれほどウソがつけるのか(「何ぞ人を欺《あざむ》けるの甚しき」)とも。

ここまで中村を憤慨させたのは、小神野が長年徒目付を務めたにもかかわらず、あってはならない誤りを犯したからだろう(「光瑞は数年《すねん》徒目附を勤《つとめ》たる功者のなるに、是式《これしき》の事しらざるにや」)。

曰く。小神野は英公が右京大夫と改称して「一両日」後に江戸城に召され下館藩六万石を拝領したとしているが、英公が下館藩主に任ぜられたのは翌寛永十六年の七月十三日で、従五位下右京大夫に叙任されたのは、寛永十五年十一月二日。その間は八ヶ月以上あり、「一両日」どころではない。それに下館藩は六万石ではなく五万石だ、などなど。

たしかに中村が指摘した通りだ。ただ、頼房の臨終の場面と同様、中村は『盛衰記』の肝心の場面、この場合は松平信綱が幸若舞を謡いかつ舞った場面について、「皆作りこしらへたる虚談なる事知《しる》べし」と一応否定はしているが、「すべて虚談(ウソ)だ」と断言しているわけではない。小神野が古老から聞き取った話で、古い記録をひもといても、その真偽を確かめようがなかったからだろう。

松平信綱は、政治的知見ばかりでなく、頓知《とんち》に富んだことでも知られ、史実かどうかはさておき、思わず膝を打つような言葉や逸事が数多く伝えられている。

堕ろされる（殺される）寸前に救われ、京都に身を隠していた貴い若君（なにしろ家康の孫なのだ）が、家康の側室だった賢婦人英勝院の直訴によって江戸に帰還し、晴れて父子の対面を済ませ、大名に取り立てられる。

これほどドラマチックな話はないだろう。上質なドラマにはそれ相応の脇役が必要である。そこで選ばれたのが、頓知と才智で知られる名宰相の松平伊豆守信綱だった。知名度も申し分ない。かりにフィクションだったとすれば、物語はこのような経緯で紡《つむ》がれ、語り継がれたに違いない。

重要なのは、史実であれ虚談であれ、徳川頼房と英公の父子に松平信綱が加わった場面が小神野によって採録され、『盛衰記』に書きとめられたことである。ありえない仮定だが、もし『盛衰記』の著者が懐疑的な中村だったとすれば、このような場面はけっして記録されなかっただろう。

◆江戸城、湯殿のエロス

寛永十九年（一六四二）二月九日、英公は二十一歳で前髪を剃り、元服した。同二十八日に登城。家光に拝謁し、讃岐国高松の城主を拝命する。高松藩は十二万石。下館藩より七万石多い。

喜んだ英勝院は酒と肴そして赤飯をたずさえて大奥へ御礼に上がった。英勝院と対面した家光は、「御礼は早過ぎます。右京（英公）はいずれ大国の藩主にするつもりです。御礼はそのときにいただきましょう」と述べたとか。英勝院が大喜びしたのは言うまでもない。家光は、英公をさらに格の高い大名にしようとしていた。

英公は家光のお気に入りだった。昼夜の別なく大奥への出入りを許したほか、御風呂の御相手まで務めさせた。将軍と一緒に御湯殿《おゆどの》（浴室）に入るのは、通常は小性たちである。将軍の身体を洗い流すなどのお世話をするためである。

浴室に濃厚な性的気分が漂っていたのは今も昔も変わりはない。当時は特に珍しいことではなかったが、家光には男色《なんしょく》（少年愛）の嗜好があった。おのずと小性が男色（衆道《しゅどう》）の相手になったり、男色がらみの事件が起きたり。『元寛日記《げんかん》』に次のような事件が記されている。よく知られた一件なのでご存じの読者もすくなくないと思うが、当時の湯殿内の雰囲気を知ってもらうために、紹介したい。

元和五年（一六一九）五月十四日、竹千代と呼ばれていた十六歳の家光が、小性の坂部五左衛門を手討ちにした。元服して家光と名乗る前年、将軍になる四年前のことである。

手討ちにした理由は、垢を落とす役（「御垢ノ役」）で湯殿に入った坂部が、別の小性に戯《たわむ》れたため。湯から上がった家光（竹千代）は、坂部の破廉恥なふるまいを咎めて（「唯今ノ不作法覚《おぼえ》タルカ」）、一刀で斬り殺した。

この事件、幕府の正史『台徳院殿御実紀《たいとくいんでんごじっき》』には「けふ江城《こうじょう》にて若君御浴室に渡らせたまふとき、近習坂部佐五左衛門正重《まさしげ》が子五左衛門某頗《すこぶ》る不礼を犯すをもて、御手づから誅し給ふ」とだけ書かれている。出典は『元寛日記』なのだが、坂部の行為を「頗る不礼」と曖昧に表現し、同性に対する性的な戯れだった事実を隠蔽《いんぺい》しているのである。

やはり幕府が編纂した『寛政重修諸家譜』でも、父の坂部正重の記述は詳しいが、息子の五左衛門については、「大猷院殿《たいゆういんでん》（＝家光）につかへたてまつり、御小性をつとめ、故ありて家督たらず」と記し、手討ちになった事実ばかりか、家督を継がなかった理由（手討ちになったので継げるはずもない）すら明記されていない。坂部五左衛門は、坂部家の歴史から抹殺されたのだ。

江戸城内御湯殿における性的な悪戯。実はこの事件には驚くべき伏線があった。坂部は前々から家光に恋慕し、あろうことか、その想いを面と向かって告白していた（「五左衛門、家光公ニ奉恋慕《れんぼたてまつり》、儲折申委細《おりをもうけいさいをもうす》」）。当時男同士の恋といえば、プラトニックな純愛など考えられない。坂部は肛交に発展すると承知のうえで、まだ前髪を剃っていない家光に、「若君としたい」（意訳）と想いを打ち明けたのである。

家光はどう答えたか。『元寛日記』は「家光公不被掛御情《おなさけをかけられず》、殊ニ以《もっ》テ被召仕不便《ふびんにめしつかわれ》」と記している。坂部の恋を叶えはしなかったが、その後も側に仕えさせたという意味だろう。

にもかかわらず。無礼なふるまいに激昂《げっこう》した家光は、坂部をみずからの手で斬り殺したのだった。坂部が手を出した小性は、家光のお気に入りだったのかもしれない。だとすれば、事件は情痴殺人とも言える。

◆家光と英公、湯気の中の誓い

横道にそれて坂部五左衛門手討ち一件にふれたのは、湯殿で将軍家光の相手をすることの意味を考えてみたかったからだ。

湯気の中の三十九歳の家光と二十一歳の英公。もちろん、ふたりが衆道の関係にあったと決まったわけではない。当然、湯殿には複数の小性がいたはずだ。まさか彼らの前でふたりが行為に耽《ふけ》ったとは思えないのである。しかし、ふたりの間に、性的であると言えなくもない濃密な親近感があったのは否定できないだろう。そうでもなければ一緒に風呂に入るはずはない。たとえ家光が英公にそうするよう命じたのだとしても。

ふたりが入った風呂は、どのようなものだったのだろうか。寛永十一年（一六三四）、家光の上洛に合わせて増築された名古屋城本丸御殿の将軍専用の風呂場（御湯殿書院）は、浴室と言っても湯船はなく、外で湯を沸かし湯気を内部に引き込むサウナ式蒸風呂だったという。江戸城奥の風呂も同様の蒸風呂だったと思われる。

蒸風呂の中で、家光と英公はどのような言葉を交わしたのか。いったい誰が小神野に語ったのだろう、『盛衰記』には以下のようなやりとりが記されている。意訳と原文でご覧いただきたい。

家光「右京（英公）よ、水戸殿（水戸藩世子光圀）を羨ましく思うか」（「何と右京、水戸殿を浦山《うらやま》敷《しく》思ふ哉《か》」）

英公「いいえ、羨ましいとは思いません。私はこのように上様と打ち解けてお風呂の相手まで許されているのですから、水戸殿よりはるかに恵まれています」（「左様存不申《ぞんじもうさず》候、私儀は御心易《おこころやすく》御風呂之御相手迄被仰付《おおせつけられ》候間《そうろうあいだ》、水戸殿より勝《まさ》り候とこそ奉存候」）

御三家の水戸藩が二十八万石なのに対し、高松藩は十二万石。光圀はいずれ水戸藩主になるが、右京はそんな弟が羨ましくないかと問われ、英公は私の方が上様（家光）にずっと愛されているので、すこしも羨ましくないと甘えるように答えたのである。

英公の言葉は、『盛衰記』の異本のひとつである『讃岐盛衰記』ではこうなっている。「左様は存不申、水戸殿に御風呂の御相手にはいやものに御座候故、御心易も不被遊候《あそばされずそうろう》、私儀は御心易御風呂之御相手にまて被仰付候間、水戸殿よりましとこそ奉存候」（傍点は氏家による）

「いやもの」は厭物《いやもの》で、いやな物、嫌いな物を意味する。すなわち英公は「上様は水戸殿と一緒にお風呂に入るのは嫌で、私とは心やすくお風呂に入られる。だから私の方が……」と語ったことになる。『讃岐盛衰記』の記述は、『盛衰記』よりさらに生々しい。

余談になるが、家光は色白の美少年より浅黒い肌の少年を好んだ。長身で色白、若い頃は美男の評判が高かったという（『桃源遺事《とうげんいじ》』）光圀は、あるいは家光の好みのタイプではなかったのかもしれない。ちなみに英公は、後に述べるように小柄だった。

それはともかく。ふたりの会話を続けよう。しなだれかかるような英公の言葉を聞いて、ますます可愛くなったのか、家光もまた甘い言葉を囁いた。

家光「いずれは水戸くらいの家老を付けてやるつもりだ」（「末々水戸位之家老を附て可遣《つかわすべし》」）

水戸藩に二万五千石の附家老《つけがろう》中山備前守を付けたように、いずれお前にも同格の家老を付けてやる（水戸藩と同格の大名にしてやる）。家光の言葉はそう解せる。

英公「本当ですか？」（「御実正《ごじっしょう》に候哉《や》」）
家光「偽りではない」（「御偽無之《おいつわりこれなし》」）

これに続く場面はさらに衝撃的だ。家光と英公は、互いの指をからめて「ゆびきりかまきり、ゆびきりかまきり」と二度唱えたという。原文は「御手と御手を組合《くみあい》、ゆびきりかまきり、ゆびきりかまきりと被仰候由《おおせられそうろうよし》」。面白過ぎる。

◆「ゆびきりかまきり」とは何か

「ゆびきりかまきり」という誓いの言葉は、戦後世代には馴染みが薄いかもしれない。昭和二十九年（一九五四）生まれの私も、幼少の頃から「ゆびきりげんまん」とは唱えたが、「ゆびきりかまきり」は記憶にない。しかし文献を調査すると、江戸時代の初期から昭和二十年代まで、この誓言が全国各地で広く唱えられていたことがわかる。

『日本伝承童謡集成』第一巻（一九四七年初版　一九七四年改訂新版）をひもといてみよう。

千葉県の伝承童謡（わらべ唄）の「ゆびきり、かまきり、これっきり」が採録され「別れる時の唄」に分類されている。一方、神奈川県伝承の「指切り三年、手がくさる、親が死んでも知らないよ」には、「約束をする時、小指と小指をひっかけて唄う」という注記が。「ゆびきり、かまきり、これっきり」も「これっきり」がなければ、誓いのとき唄われたのだろう。

柳田國男《やなぎたくにお》は「蟷螂考《とうろうこう》」（一九二七年）で、「東京の少年たちが今でも使ふ有名な誓約文」として「ユビキリカマキリ」に言及している。『児童研究』二巻二号（一八九九年）に、「指きりかまきり」を契約（約束）の童謡に挙げ、「互に指を「形にして、相交切す」とある。

ネットで検索すると、「ゆびきりかまきりうそついたものはじごくのかま（地獄の釜）へつきおとせ」や「指切りげんまん　嘘ついたらカマキリのタマシイ飲〜ます」などがヒットした。聞き取り調査を行えば、今日でも各地で採集可能かもしれない。

文献調査を続ける。

時代をさかのぼって、元禄十六年（一七〇三）刊の歌謡集『松の葉』にも、「アイノテ　指きりアイノテ　髪切り　入墨子《いれぼくろ》」なる唄が収録されている。遊女が客に心中立て（恋の証）として指や髪を切ったり男の名を刺青する様を唄ったものだ。

カマキリがカミキリやカミキリムシとも呼ばれていたため、遊里のカミキリ（髪切り）が子どもの世界でいつしかカマキリにすり替わり、ユビキリカマキリの童謡が生まれたのか。それとも逆に、子どもの遊び唄が遊女たちの世界で心中の誓言として再生したのか。遊里、子どもたち、そして将軍家光。くちずさむ人や場所はさまざまだが、ユビキリカマキリが、誓いの際の唱え言であったことに変わりはない。

湯殿の場面は、他の写本ではどのように描かれているだろうか。

『小神野夜話』は、家光（「大猷院様」）が雑談中に「水戸殿は羨敷《うらやましく》候哉」と語ったのに対して、英公が「か様《よう》御風呂の御相手迄被仰付候儀、水戸殿にまさり候」と回答。家光はたいそう機嫌がよかった（「甚《はなはだ》御機嫌に被為《あらせられ》有候《そうろう》由《よし》」）と結ばれている。『盛衰記』とほぼ同じだが、ふたりで指をからめてユビキリカマキリと唱えたとは書かれていない。ありえないと判断したのか、将軍と初代藩主の〝密室の誓い〟に触れるのは畏れ多いと思ったのか、肝心の場面が削除されている。

『讃岐盛衰記』はどうか。これまたふたりのやりとりに大差はない。違うのはやはり誓いの場面で、ユビキリカマキリではなくユビキリカネキリになっている（「御手と手を組合、ゆびきりかね切〳〵と被仰候由」）。

カネキリは金属を切断する金切か。『児童研究』一巻十号（一八九九年八月刊）には、「指きりかなきり」も収録されている。「かなきり」も「金切」も意味は同じ。ユビキリカネキリという唱え方もあったのだろう。『盛衰記』の原本が転写される過程で、写した人が、それぞれ馴染みの深い唱え方に書き換えた可能性が高い。

では、最強の批判者である中村十竹はどのような指摘をしているか。意外にも『消暑漫筆』にこの場面に対する批判は見当たらない。なぜか。藩祖英公に将軍家光が厚遇を誓った場面は、主家にとって名誉の場面にほかならず、高松藩の一員として、中村は真偽を疑うような批判は控えたのかもしれない。

それにしても、江戸城奥の将軍の湯殿で、本当にこのようなやりとりがあったのだろうか。話が面白過ぎるだけに疑わしいと言わざるをえない。一方で藩の記録所で藩史の編纂に従事し、古老の聞き書きに時間を惜しまなかった小神野が、ことさらフィクションをでっち上げて子孫に伝えようとしたとも考えにくい。この話は、後年英公が語った家光との思い出話を記憶していた某から（あるいは某から話を聞いた者から）小神野が聞き書きしたものだろう。

もちろん、英公が下館から高松へ移されたのは、家光の愛が深かったからではない。すくなくともそれだけが理由ではなかった。寛永十五年（一六三八）に島原の乱が終結すると、幕府はキリシタンに対する弾圧を強化し、翌十六年にポルトガル船の来航を禁止した。ポルトガルの報復が危惧され、軍事的緊張が高まるなか、英公は「流通上、軍事上重要な意味をもつ瀬戸内海の沿岸防備体制を固める一翼としての役割を課され」高松に配置されたのだという（御厨義道「高松平家の成立と徳川御三家」。瀬戸内海における幕府の軍事力を強化する目的で高松への国替えがなされたというのだ。幕府の政治的目論見。英公のその後についても、家光政権は冷徹な政治的算盤を弾《はじ》いていたに違いない。

面白いのは、このような政治の渦中で、家光と英公の当事者ふたりが湯殿の湯気の中で子どものように互いの指をからめて「ゆびきりかまきり」と唱え合ったことである。十八も年下の従弟に注がれた家光の愛を一概に男色とは言い切れない。しかしそこにエロスの濃厚な香りが嗅ぎ取れるのもまた事実である。

小神野は、幕府であれ藩であれ、政治が衆道的エロスと不可分にからみ合っていた当時の心性を理解し、だからこそユビキリカマキリの聞き書きをためらわず収録したのではないだろうか。

しかし家光の約束は果たされなかった。『三浦市右衛門覚書《みうらいちえもんおぼえがき》』（一六六九年成立）は、ふたりの約束が実現しなかった経緯を次のように記している。

—大殿様（英公）が高松に国替えされた後、英勝院様は、大猷院様（家光）にこう申し上げた。「右京大夫（英公）が讃岐（高松）に国替えになったのはまことに有難く存じます。しかし讃岐はあまりに遠く、しかも危険な海を渡らなくてはなりません。江戸に近い国なら、もっと有難いのですが」—。

家光は「あいにく今は適当な場所がないので、とりあえず讃岐に国替えした次第です。ご安心ください。いつまでも讃岐に置くつもりはありません」と答えた。当時は江戸でも「英公は近年中に甲斐か駿河のいずれかに三十万石で国替えになるそうな」ともっぱらの噂だった。ところが英勝院が同年（寛永十九年）八月、六十五歳で亡くなり、英公のさらなる加増と国替えはついに実現しなかった。

英勝院があと一年か二年元気だったら……。英公は倍の石高になったに違いない（「高松一倍の御大名に是非共可被成《なられべく》候《そうろう》に」）と人々は残念がったとか。

嗜虐的な父頼房、かぶき者光圀、増長する英公

◆徳川頼房は名君だったのか

父と子の関係を振り返るためには、英公の父頼房の人物像にも触れなければならない。水戸藩初代藩主徳川頼房（威公）とは、どのような人だったのだろうか。

頼房は〝名君〟だった。すくなくとも幕府が編纂した『藩鑑《はんかがみ》』には、名君の証とも言える数々の逸話が載っている。

『藩鑑』は、徳川氏の創業から八代将軍吉宗の時代まで、御三家以下諸大名のすぐれた言行を採録した書である。林復斎《ふくさい》の監修の下、昌平坂学問所で編纂され、嘉永《かえい》六年（一八五三）に完成した。登場する大名は約五百名。頼房もその一人だった。

頼房はどのような点が名君なのか。『藩鑑』が『桃蹊雑話《とうけいざつわ》』から拾った話のいくつかをご紹介しよう。

ある日、東照宮（徳川家康）が息子たちを連れて天守の上段に上がり、「この上から飛び降りる者がいるか」と尋ねた。十一男の頼房には多くの兄がいたが、皆口を閉ざしたまま。すると頼房が「私が飛び降りてみます。ただし欲しい物を頂戴できたら、ですが」。東照宮が「何が欲しいのか」と尋ねると、「天下を頂戴できるなら」（原文は「天下を賜はらばはねべし」）と答えた。東照宮は「飛び降りたら身体が微塵《みじん》に砕けるぞ。死んでしまったら天下を掌握しても何にもならないではないか」と説諭したが、頼房は「たとへ死すとも天下を取《とり》たる名は万世に伝ふべし」（原文）と述べたという。

家康は元和二年（一六一六）に没したから、右は頼房がまだ十四歳に達していない頃の話だ。「死んでもいい。天下人として歴史に名が刻まれれば……」とはいささか不穏な発言だが、気宇《きう》壮大《そうだい》で覇気に富む気性をあますところなく物語っている。

気性が激しかっただけでなく、頼房は人並み外れた身体能力の持ち主でもあった。鹿狩のときだという。手負いの猪が頼房めがけて突進してきた。鉄炮に玉をこめる間もない。絶体絶命のピンチに、頼房は銃の筒で強打して猪をしとめた。強い力で打ち付けたため、銃身は曲がってしまったという。

頼房は品行においてもすぐれていた。若い頃から倹約に努め、民を貪《むさぼ》らず、風俗を乱さず、義理を正す、典型的な名君だったとされている。また寵愛する女の親類を優遇することなく、家臣に無闇に暇《いとま》を出す（解雇する）こともなかった。勝手に立ち去る家臣がいても、他家への仕官を妨げなかった。頼房は、若い頃から名君の資質を備えていたというのである。はたしてそうだったのか。

残念ながら、『桃蹊雑話』の記述は疑わしい。文政十年（一八二七）序の水戸藩編年史『水戸紀年』には、青年時代の頼房が、異形な衣服や佩刀《はいとう》を好み、放埒《ほうらつ》な行為を繰り返していたと記されている。当時流行の〝かぶき者〟で、幕閣から問題児と見なされ、附家老の中山備前守信吉にも諫《いさ》められたというのだ。

編者の石川慎斎（清秋）は、水戸藩に仕えた学者で、藩の勘定奉行も務めた人物。『水戸紀年』は百五十余の文献を渉猟して編纂され、信憑性《しんぴょうせい》も高い。

青年時代の頼房が放埒だったという話は、小神野が私淑《ししゅく》した大道寺友山の『駿河《するが》土産《みやげ》』にも見える。「水戸頼房公御年若之時男伊達《おとこだて》之事」と題して、同書はこう記している（原文）。

水戸頼房公御年若き比《ころ》殊之《ことの》外《ほか》男立《おとこだて》を被成《なされ》、かいらき鮫《ざめ》の掛りたる長かたなに金鍔《きんつば》を御打《おうち》、御衣服等にも紅裏《べにうら》を御つけ、其外御不行跡《ふぎょうせき》なる義共在之《これあり》、江戸中上下の取沙汰に御逢ひ候に付《つき》（下略）

若い頃の頼房は、男立（男だて　かぶき者）で、カイラギザメ（梅花皮鮫）の皮を刀の鞘《さや》や柄《つか》に巻き、鍔は金色。衣服の裏地は紅色という派手な風俗を好んだ。常軌を逸したふるまいも多く、江戸中の人々が貴《き》賤《せん》の別なく、その放埓ぶりに眉をひそめたというのだ。

話には続きがある。

ある日、江戸城に呼び出された中山備前守は、将軍から頼房の不行跡について尋ねられると察し、老中たちに「事実を申し上げれば主人（頼房）の悪事を訴えるにひとしく、かといって虚偽を申し上げれば御上《おかみ》（将軍）を欺《あざむ》くことになるでしょう。いずれにしろ罪はまぬがれないので、私は御上に拝謁しないで退出致します」と断って下城した。

その後水戸藩邸で頼房の御前に召された中山は、頼房に登城の理由を説明したのち、自分は切腹をまぬがれないが、死ぬ前に残念でならない三つのこと（「残念成儀《ざんねんなるぎ》三箇条」）を申し遺《のこ》したいと、頼房を諫めた。

第一に、自分の力不足で主人の行状を改められなかったこと。第二に、自分を附家老に任命した権現様（家康）の期待に応えられなかったこと。そして第三に、主人の悪友たちを成敗《せいばい》しなかったこと（その結果、自分の死後も主人の不品行は続くだろう）。

中山の必死の諫言《かんげん》に、頼房もようやく目が覚めた。中山の面前で、派手な拵《こしら》えの刀脇差、衣服をすべて小性に分け与え、さらに脇差の鍔元《つばもと》をゆるめて小刀を打ち付ける金打《きんちょう》の誓いをして、行状を改めると中山に約束したという。

悔い改めた徳川頼房。といっても当時は、大名や旗本が青年時代にかぶき者（男だて）に見まがう身なりやふるまいをした例はすくなくない。後述するように英公や光圀もそうだったし、将軍家光も例外ではなかった。

◆幼い息子光圀に首を拾わせ、屍漂う川を泳がせた頼房

通過儀礼としての放埒と異形。しかし頼房の場合は、青年期を過ぎても泰平の世にうまく順応できなかったようだ。そう感じたのは光圀の伝記『桃源遺事』で次の記述を見たときである。

寛永十一年（一六三四）、三十二歳（もはや若者ではない）の頼房は、小石川水戸藩邸の桜の馬場で罪人を斬首し、斬り落とした首をその場に放置させた。

夜になって、頼房は七歳（満五、六歳）の光圀にその首を取って来るよう命じた。わが子の肝を試そうとしたのである。桜の馬場は屋敷から四町《ちょう》（約四百三十六メートル）ほど西に位置し、

しかも道は細く木立が茂り、水も流れていた。桜の馬場は、女子どもには昼でもたどり着けない所なのに（夜だというのに、若君に一人で行かせるなんて）。側に侍っていた女中たちは、光圀がどのような反応を示すかしらと、拳を握りしめて様子をうかがった。ところが光圀は、怖がる様子もなく座を立った。頼房はわが子に脇差《わきざし》を手渡した。さて、単身で桜の馬場にたどり着いたものの、漆黒《しっこく》の闇の中、首はなかなか見つからない。なんとか探り当てたが、今度は重くて運べない。光圀はどうしたか。髻《もとどり》（髪をたばねた所）を握って首をひきずりながら、途中二度三度と休んで、父が待つ所に帰ってきた。頼房は喜び（「御喜色にて」）、褒美に脇差を与えたという。

同じ話を、『水戸紀年』は、「公（頼房）邸中桜ノ馬場ニテ永野九十郎ヲ手斬セラル、其夜世子（光圀）ヲ試ミ玉ヒ、其首ヲ取来《とりきた》ルヘシト命ゼラル」と書き始める。頼房は自身で斬り落とした永野九十郎の首を持参するよう命じたのである。

永野はかつて頼房に近侍していた者で、罪を犯して追放されたが、能役者（「猿楽者」）に姿を変え水戸藩邸に潜入していたところを発見されたのだという。

当時はこのような処刑がごく普通に行われていた。明暦《めいれき》三年（一六五七）七月にも、頼房の五男頼隆《よりたか》の僕二名が、博奕《ばくち》がもとで互いに傷つけ合った罪で処刑された。ただの斬首ではない。頼房は、刀の試し斬りのため生きながら寸断するよう命じている（試し斬りでは、通常、絶命後も死骸を切り刻んだ)。

ところで首の重さはどれほどなのか。幸い旗本天野長重が、試し斬りになった罪人の首の重さを記録していた(『思忠志集』)。貞享《じょうきょう》三年(一六八六)に旗本の山岡平左衛門から提供された書付にあった数値だ。

それによれば「大」が一貫三百五十目(約五キログラム)で、「中」「小」がそれぞれ一貫三百十目(約四・九キログラム)、一貫百五十目(約四・三キログラム)。天野は「力持ちならともかく、軽い首でも容易に持ち運べるものではない」(「強力《ごうりき》はいさしらず、此内の軽首たりとも持《もち》あるき自由に可《なる》成《べき》にあらず」)と感想を添えている。

永野九十郎の首も、七歳の光圀はひきずるしかなかった。試し斬りの経験がある頼房は、生首の重さを承知していたに違いない。七歳の子どもが容易に持ち運べないことも。にもかかわらず頼房は、光圀に首を持って来るよう命じたのである。

光圀に対する頼房の厳しさは、寛永十六年(一六三九)にも存分に発揮された。ときに頼房三十七歳。光圀十二歳。この話は『桃源遺事』にも載っているが、ここでは元禄十三年(一七〇〇)、光圀の没後まもなく著された『玄桐筆記《げんとうひっき》』の記述とあわせて要約してみよう。著者の井上《いのうえ》玄桐は光圀に仕えた医者で、記述は臨場感に富んでいる。

頼房は、浅草川の三股《みつまた》(隅田川河口の分流点)で、光圀に「この川を泳いで渡れるか」と尋ねた。光圀が「泳いでみます」と答えると、「ならば泳いでみろ」と御意。お供の者たちが「若君の身に万一のことがあったら、いかがなさるおつもりです」と諫めたが、頼房は後に引かなかった。「わが子なら泳いで渡れるはずだ。渡りきれず溺れ死ぬような不器用者なら、この先生き続けてもしかたない。さあ、早く泳げ」。頼房は光圀を小舟に乗せて西岸まで運び、そこから東岸へ向けて泳がせた。折悪しくその年は凶作で、浅草川には上流から数多の餓死者の骸《むくろ》が流れ下り、游泳《ゆうえい》中の光圀の身体に当たった。押しのけても、押しのけても、腐臭を漂わせた骸がまとわりつく。うるさくてならない。光圀は水中に潜り骸の下を泳ぐしかなかった。川の半ば以上泳いだところで、頼房が動いた。水泳が得意だった頼房は、自身も川に入り、立ち泳ぎで腰から上を水面に出しながら（実際にはまだ川は深かったのに）、「お長《ちょう》（光圀の幼名が長丸《ちょうまる》だったため、頼房はこう呼んでいた）、川はもう浅いぞ、見てみろ、父の足が底についている」とわが子を励まし、背泳ぎで光圀を岸に導いた。

ようやく岸に着くと、頼房は光圀の四結《よつゆい》（腰の後ろで結んだ所）をつかんで小舟に投げ入れた。光圀は疲労と安堵《あんど》でぐったり臥したまま。頼房は上機嫌で、褒美に小鍛冶《こかじ》の脇差（三条小鍛冶宗近《むねちか》の名刀）を光圀に与えた。光圀は嬉しさのあまり疲れも忘れて起き上がり、脇差を頂戴した。

厳しいけれど根はやさしい父親？　いや、頼房は、やはり異様な父親と言わざるをえないだろう。事実吉田俊純氏も、浅草川の話が「頼房の厳格な武士教育と、それに応えた光圀の美談として讃えられてきた」ことに疑問を持ち、「戦場で追い詰められたならともかく、愛子に対して死んでもかまわないからやれ、と慈父はいうであろうか」と問いかけている（同「徳川光圀の世子決定事情」）。さらに首を取りに行かせた話とあわせ、二つの話は「実は頼房が光圀を愛していなかったことを示していると理解すべきである」とも。

◆ワルだった青年期の光圀、兄・英公に挑む

たしかに頼房の仕打ちは、たとえそれがスパルタ教育だったとしても、度を超えていた。光圀を愛していたかといえば、すくなくとも頼房の愛のかたちは慈父のそれとはかけ離れたものだった。

前述のように、光圀もまた英公同様、頼房の命で水にされかけていた。頼房は久《ひさ》が懐妊すると、英公のとき同様、三木仁兵衛之次に堕胎処理を命じた。しかし三木は、久を水戸城下柵町《さくまち》の屋敷に引き取ってひそかに出産させ、光圀（幼名長丸、のち千代松《ちよまつ》）を四歳まで養育。寛永九年（一六三二）、五歳のときに頼房の子と認められて水戸城に入ったのである。翌年十二月、光圀の世子が決定するが、それは幕府の指名によるもので、頼房自身は不快感を募らせ「激怒したに違いない」と吉田氏は推測している。

頼房と光圀のしっくりしない関係。とはいえ父子不和の原因を一方的に頼房に押しつけるのも

躊躇《ためら》われる。井上玄桐は、浅草川を泳ぎきった褒美に脇差を与えられた光圀が跳び上がらんばかりに喜んだ理由を、この頃光圀は、悪戯が目に余るため（「あまりわるさを被遊《あそばさる》により」）脇差を取り上げられていたから、と記している。頼房の過剰な厳しさは、あるいはワルな息子に対する懲罰だったのかもしれない。

井上はまた、頼房が幼い光圀に「戦場で父が重傷を負って倒れていたら、汝《なんじ》は助け起こして戦うか」と尋ねたところ、光圀が「重傷で倒れていたら、父上の身体の上を踏み越えて敵と戦う所存です」と答えたという話を伝えている。息子の返答に父は感嘆したというが（「大《おお》いに御感有けるとぞ」）、「重傷でどうせ助からないなら、その場に捨て置いて戦います」と語る子は、「死んでもいいから泳げ」と命じた父と、冷酷さにおいて遜色《そんしょく》ない。

青年光圀は、どのようなワルだったのか。『玄桐筆記』にはこんな話が。

光圀はしばしば辻相撲《つじずもう》（空き地などで行う草相撲）を取り、投げられて意識を失うこともあった。ある夜、駒形《こまがた》で二手に分かれて相撲を取ったが、味方は負けてばかり。光圀は仲間に「こんなに負け続けては憤りがおさまらない。さあ、相撲の場をメチャメチャにしてやろう」と声をかけ、刀や脇差をすばやく帯に差し、「にくき奴原哉《やつばらかな》、一人もやらぬぞ」と相手側の者たちに振りかざした。さすがに斬りつけはしなかったが、さえわたる月光を受けた刃は凄まじく、相撲場はパニック状態。相手の者たちは一人残らず裸のまま散り散りに逃げ去った。

井上は右の話に「わるさをも能被遊《よくあそばれ》し也」と言い添えている。光圀の乱暴さは、兄の英公（頼重）と格闘した話からもうかがえる。柔術に長けていた英公から「相撲なんて役に立たない」と言われた相撲好きの光圀は、六歳上の兄に勝負を挑んだ。ともに小石川の水戸藩邸にいた十代のときだろう。

いざ勝負。ところが英公はじっと動かない。ただなんとなく立ちながら、弟が動くにまかせた。しばらくして英公は「もういいか」と尋ね、わずかに身をひねっただけで光圀をあざやかに投げ倒した。立ち上がった光圀が「いま一度」と再戦を求めると、英公は「幾度でも」。しかし結果は同じだった。それでも「もう一度」と食いさがる光圀。英公は「結果は見えている。無駄だ」（「もはや見へたる事也、無用なり」）と相手にしなかったが、光圀はしつこく組み付く。英公が水平方向に投げ飛ばすと、光圀の身体は唐紙《からかみ》を突き破って次の間へ。座敷にいた女中たちが、「乱暴な。若君に万一の事があったら、どうするんです」とあきれ悲しむのを見て、英公曰く。「強情者は懲らしめなければ」（「いや〱情のこわき者をはこらしめたるかよきそ」）。

光圀は右の話を、少年時代の思い出としてしばしば語り聴かせたという。次も英公との話。場所は同じく小石川水戸藩邸か。

光圀は英公とたびたび「馬上のしなひ打《うち》」（竹刀《しない》を用いた騎馬戦）を行った。光圀の竹刀が当たっても、英公は「当たっていない」と言う。言い争いになることもあったが、結局、兄の英公の言い分が通ってしまう。鬱憤がたまった光圀は、あるとき、竹刀を投げ捨て英公に組み付いた。「なにをする、あぶないじゃないか」。英公は吃驚《びっくり》して叫んだが、光圀は抱き付いたまま。ふたりは重なり合って馬から落ちた。光圀は兄にのしかかって「首をかき切るぞ、かき切るぞ」。英公は弟を落ち着かせようとして、「切りたければ切ればいい。こちらは腰が痛くてそれどころではない」。

その後英公は、「あんな乱暴者とはごめんこうむる」（「あのことくあらき事する仁とは無用なり」）と、二度と光圀と竹刀打ちをしなかったとか。

キレるとなにをするかわからない乱暴者。とりわけ十六、七歳の頃は奔放なふるまいが目立った。三味線を弾き、刀は突っ込み差し。衣服は伊達に染めさせ、襟はビロウドという典型的なかぶき者ファッションで、両手を振りながら闊歩《かっぽ》していた。このため世間から「とても水戸様の世子とは見えない。言語道断のかぶき者だ」（「水戸様の御かとく（家督）とハみえす、ごんこだうだんのかぶき人に御ざ候」『西山遺聞』）と後ろ指をさされていた。

性欲の処理も享楽的だった。遊所に足繁《しげ》く通ったばかりか、傅役《おもりやく》の小野言員《おのときかず》の諫書によれば、軽輩の長屋に忍び、草履取りと密会したという。草履取りの少年を相手に男色に耽ったのである。

◆頼房の光圀への態度は、虐待かしつけか

思いがけなく青年光圀の悪戯と乱暴に頁を割いてしまった。過度のしつけの背景には、しつけられる側の問題もあったはず、と考えたからだ。

武士とは〝人殺し奉公、死に役〟と喝破《かっぱ》したのは、幕末の開明的旗本、川路聖謨《かわじとしあきら》である。武士の使命（家業と言い換えてもよい）は、主君のために躊躇なく人を殺し、臆せず死ぬという意味だが、十七世紀初頭に誕生した頼房世代の武士は、殺人とみずからの死をより皮膚感覚的に感じていたに違いない。

旗本天野長重は、寛文六年（一六六六）に「武士見強弱」と題して次のように記している（『思忠志集』）。

武士は常日頃から自分が死に役であることを忘れてはならない（「ふだんに死する所の役を、明けてもくれてもわすれず、ひたもの（ひたすら）身をためすべし」）。しかるに武士のなかにも、死を恐れない者（「すぐれて死するをあぶなげもなく有《ある》もの」）と、極端に死を嫌うもの（「何としても死するをすぐれてきろうもの」）がいる。死ぬのを嫌っていたら武士は務まらない。そのよう

な者は、すみやかに武士をやめてほかの家業を営むべきだ（「すみやかに、少《すこし》もはやく、はやく、はやく家を替《かえ》んこと尤《もっとも》に候事」）。

死を恐れぬ人はいない。しかし武士は死ぬのが家業だという。武士であることのハードルはとても高いのだ。

天野は、延宝七年（一六七九）に「諸善悪徳損」と題して、こうも書いている。

武士の子には、生まれ落ちたときから武士の心がけを教えなければならない（「武士は生落より武士之僉《せん》義《ぎ》を聞《きか》するように」）。成長してから教育すると、武士を嫌いになる恐れがある（「成長之後見聞《みきく》ものは、武士を嫌《きらい》に成《なる》義《ぎ》可有《あるべし》」）。

とはいえ武士という家業を好むか嫌うかはそれぞれの天性次第だ。武士にふさわしい「上気」の者もあれば、それほど向いていない「中気」の者、まったくだめな「下気」の者もいる。癖の強い馬に乗って危険な目にあったため馬を見ただけで怖じ気づく者がいるかと思えば、手に負えない悍馬《かんば》と聞いて乗りこなしたくなる者もいるのだ。

試し斬りを見せると、なんと酷いと拒絶反応を示し、腐臭が立ちのぼる屍で試し斬りをすると、気分が悪くなり武士が嫌いになる者もいるという。

一人前の武士に育て上げるためには、幼い頃から武士の精神をたたき込まなくてはならない。危険な馬にも乗せ、腐乱した屍を切り刻む試し斬りも体験させろ。

はたしてその通りだとすれば、天野より十八年早く生まれた頼房が、わが子に〝夜中の生首運び〟や〝屍漂う川の横断〟を命じたとしても、それは今日感じるほど非常識な虐待ではなかったのかもしれない。

いや、たとえそうだとしても、光圀は水戸藩の世子、お世継ぎの若君である。わが子に〝理想的な〟武士教育を容赦なく課した頼房は、藩主としても父親としてもやはり尋常ではない。頼房には過剰に激しやすいと同時に、加虐的な気性が顕著だった。『義公遺事』によれば。

若き頼房が将軍の紅葉山御成《もみじやまおなり》（江戸城内紅葉山東照宮の参詣）に諸大名と共に随従したときである。行列の向かい側にいた蒲生《がもう》下野守《しもつけのかみ》（会津藩主の蒲生忠郷《たださと》）が頼房を見て笑った。すくなくとも頼房にはそう見えた。激昂した頼房は蒲生に「私を笑うのか」（「我等コトヲ笑フカ」）と詰め寄った。日頃から頼房のキレやすい気性が危惧されていたのか、なにが起きるがわからないと松平伊予守（福井藩主松平忠昌《ただまさ》か）がふたりの間に立ちふさがり、そのようなことはない（笑っていない）と頼房をなだめ、なんとかその場をおさめた。

結局、蒲生が頼房のもとを訪れて謝り、事は無事決着する。この一件には伏線があった。頼房が家臣が拵えた鞍《くら》を蒲生に贈ったところ、蒲生が陰で嘲笑し、悪口を囁いていると聞き、蒲生に対する憤りがくすぶっていたのである。

それにしても、将軍の紅葉山参詣という重大な行事の折に、チンピラヤクザのように、「顔を見て笑ったな」と詰め寄るとは……。

頼房の気性については、家康が臨終の床で将軍秀忠に語ったとされる遺言がよく知られている。家康は、わが子頼房について「徳川家にとって、護身用の刀のように頼りになる。大切に扱い、不慮の事態に備えよ」と語ったのち、「若《も》シ挺脱《ていだつ》セバ、恐《おそ》クハ為《ため》ニ傷ツケラレント」(『常陸水戸徳川家譜』)と戒めた。気をつけないと、鞘からすべり落ちた刀身のように将軍を傷つけるかもしれないと訳せる。武勇に長けて頼りになるが、扱いをひとつ間違えると危険な存在になりかねないというのだ。

家康がこう語ったのは元和二年(一六一六)。水戸藩二十五万石の主とはいえ、頼房はまだ十四歳の少年だった。にもかかわらず家康は頼房の気性に危なさを感じていたのである。

◆東海道蒲原宿一件

あぶない少年は、大人になってからもあぶなかった。

小神野が伝えるある騒動の記述からも、その片鱗がうかがえる。騒動とは、東海道蒲原宿《かんばら》(現在の静岡市清水区のうち）で、高松藩士大久保甚太夫《じんだゆう》主従が、大和国郡山《こおりやま》藩の家中《かちゅう》と衝突した事件だ。

小神野は騒動が起きた年を明記していない。ちなみに大久保甚太夫は寛永十九年（一六四二）の『讃岐高松分限帳《ぶげんちょう》』に、高二百石の「大小姓《おおごしょう》衆」として記載されている。

ともあれ、小神野の『盛衰記』を斎藤次美が補筆編集した『小神野夜話』に従って、騒動の顚《てん》末《まつ》をたどってみよう。

江戸での御用を終えた大久保甚太夫は、高松への帰途、品川宿の茶屋で遊んだ。御用は「土用《どよう》御使」だったから、暑さの盛りである。同じ茶屋に、郡山藩主本多家の家臣で牛田又助という者が遊びに来ていた。酒癖の悪い牛田は唐紙《からかみ》越しに大久保に悪口を浴びせたが、場所柄もあり、大久保はじっと堪えていた。

翌日、大久保主従と牛田ほか本多家の衆は、同時に出立し、後になり先になって東海道を西へ向かった。牛田の悪口や揶揄《やゆ》は道中でも止まらず（「兎角《とかく》耳に障り候事を申候」）、大久保の堪忍袋の緒《お》はついに切れた。蒲原宿で牛田一行を待ち受けた大久保は、恨みの言葉を述べたのち（「意《い》趣《しゅ》を断り」）牛田を鑓《やり》で突いた。大久保は鑓の名人だった。牛田の従者四人が立ち向かったが、これも大久保主従によって討ちとめられた。大久保側も軽傷を負ったが、喧嘩は大久保の勝利で終わった。

ここにいたらいつ本多の衆に発見されるかもしれない。大久保主従は山越えをして甲州街道に抜けようとしたが……。喧嘩の場に鐺の鞘を落としたことに気づいた大久保は、蒲原宿に戻り、鐺の穂を鞘におさめて立ち去った。牛田主従の屍をあらためていた本多衆は大久保の姿を確認。しかし見ぬふりをして追跡しようとしなかった。

大久保主従は、甲州街道への抜け道を探している途中、疲れきって観音寺という寺に立ち寄り、入浴を所望した。住職に蒲原宿との距離を尋ねると、わずか十八町（二キロメートル弱）だという。もう三里は離れたと思っていた主従は、ぐったりして山中の木陰でしばらく休むことにした。昼間はここで一眠りし、夜中に出発するつもりだったが、暑さと疲労そして空腹で衰弱していた彼らは（しかも大久保は肥満だった）、たちまち寝入ってしまう。

この間、復讐の念に燃える本多衆は、土地鑑《かん》のある蒲原宿の者たちに大久保主従の居場所を捜索させていた。宿の者たちは、木陰で熟睡していた大久保主従を発見。報せを受けて二十人ほどの本多の衆が駆けつけ、無警戒に眠っていた主従に襲いかかった。『小神野夜話』は、本多衆の討ち方が武士の作法にはずれたものだったとし、次のように記している。

甚太夫主従三人をづだ〳〵に切《きり》、首も顔もみぢんにきざみちらし、侍は勿論、若党、中間《ちゅうげん》迄一太刀《ひとたち》、二太刀つゝ無性《むしょう》に切らせ申候段、近頃本多衆比興《ひきょう》之事に候

主従三人（四人とも）の寝込みを襲い、侍（藩士）だけでなく、若党や中間など奉公人にも加勢

させ、身体ばかりでなく首や顔面をさんざんに切り刻んだというのである。同じ場面を『盛衰記』は「主従二十人計《ばかり》にて甚太夫主従を鱠《なます》の如く切申候」。記述は短いが殺し方の酷さに変わりはない。さらに「比興之致方《いたしかた》と物笑之由《ものわらいのよし》」とも。卑怯な本多衆は人々の笑いものになったというのだ。

大久保主従の検死結果も載っている。詳しく紹介すると酷すぎるので、手数《てかず》（傷の数）だけ挙げておこう。─大久保の手数は、三鑓・九刀。大久保の若党は一鑓・二刀。道具持ちは九鑓・二刀。草履取りは四鑓・三刀─。まさに惨殺だ。

大久保主従を嬲《なぶ》り殺した本多家の衆は国許《くにもと》に帰り、主従の遺骸は蒲原宿の本陣によって葬られた。本陣はまた騒動の経緯を江戸の水戸藩邸に報告した。なぜ高松藩邸ではないのか。英公は当時高松に居り、そのような場合は、まず英公の父で水戸藩主の頼房に報告することになっていたからである。

◆頼房激怒、「蒲原宿の住人を男女問わず焼き殺せ」

問題はこれから。

頼房が激怒したのは言うまでもない。頼房は本多衆に協力した蒲原宿の男女を残らず焼き殺す決意を固め、ただちに乗馬の用意をさせた。あわせて高松へ急使を出し、自分が蒲原宿に到着するまでに、高松から人数を差し向けるよう指示した。水戸藩と高松藩で挟み撃ちにし、蒲原宿を焼き払い、住人を皆殺しにしよう。そうでなければ怒りがおさまらないというのである。

いくら水戸徳川家の当主が決断しても、そんな暴虐が許されるはずはない。多くの読者はそう思うだろう。ともあれ『小神野夜話』には、頼房の決意が「蒲原之宿男女の差別なく、壱人も不《のこ》残焼討《さずやきうち》に可被遊思召《あそばさるべきおぼしめし》」と書かれている。

英公は高松から百人の部隊を出船させ、頼房は幕府の許可が下りるのを待たず、人数を従えて品川宿に到着した。

それにしても、頼房はなぜ大久保主従を殺害した本多衆ではなく、蒲原宿の住人を焼き殺そうとしたのか。頼房の考え（「思召」）はこうである。

蒲原宿の者たちは、喧嘩のときは傍観し、大久保が立ち退くときも止めようとしなかった。にもかかわらず、本多家の衆に頼まれて大久保主従の居場所を探し、本多衆を案内して寝首を討たせた。大久保と本多衆の喧嘩は武士同士だから、是非を問うべきではない。しかし本多衆の手引きをして大久保主従を惨殺させた宿の者たちは絶対に許せない（「宿中之者共御助《おたすけ》被遊《あそばされ》様《よう》無之《これなし》」）。

蒲原宿危機一髪。品川宿は緊迫した空気に包まれた。しかしそこに尾張徳川家と紀伊徳川家両家の使者が到着。「ご自身で出馬なさらなくても公儀に任せれば、ご希望通りの懲罰が下されるはずです」と頼房を説得した。その結果頼房は藩邸に戻り、頼房が出馬しないと知って、高松藩の部隊も国許に引き揚げた。

幕府はどのように対応したか。なんと、尾張・紀伊の使者の言葉通り、頼房の言い分を妥当と見なし、道中奉行と代官に命じて、蒲原宿の住人が逃げ出せないよう竹垣《たけがき》を結い廻した(「宿中之男女壱人もちらし不申、追込候て竹垣結廻し」)。まるで網の中の魚。宿の人々は恐怖で目も当てられない有様だったという。

いよいよ焼き討ちか。さいわい惨劇が繰り広げられる前に「待った」がかかった。蒲原宿を救ったのは、上野輪王寺門跡《りんのうじもんぜき》と芝増上寺の住職。両者の使僧が「蒲原宿のすべての者がこの件を承知していたわけではない。罰するのは本多家の衆の手引きをした者だけにしていただきたい」と助命を懇願したのである。

頼房といえども将軍家の霊廟をあずかる宗教的権威の願いは拒めなかった。かくして代官が取り調べたのち、本多衆に加担した十七、八人だけが処刑され、蒲原宿は焼き討ちをまぬがれ、多くの人命が救われた。

以上が騒動のあらましである。

余談をひとつ。現在、蒲原宿の西木戸の跡に、静岡市が作成した解説板が設置され、次のような内容が記されている。

―承応《じょうおう》二年(一六五三)、高松藩士で槍《やり》の名人だった大久保甚太夫が、江戸へ向かう途中、この地で薩摩藩の大名行列と遭遇《そうぐう》し、槍の穂先が触れたのが原因で口論となり、大乱闘に発展した。甚太夫は「七十人近くを倒した」が、薩摩藩の追っ手に殺され、その遺骸は竜雲寺の住職の手で葬られた。甚太夫の槍の穂は、現在も寺宝として保存されている——。

出典は記されていない。大久保が七十人近い者たちを倒したという話は、いくら彼が槍の名人だったとしても、到底信じられない。

そもそも、郡山藩はなぜ薩摩藩にすり替えられたのか。ひと口で言えば、話を面白くするためだろう。江戸時代を通じて薩摩の武士は、ひとたび刀を抜けば死ぬまで戦う危険な連中という評判が高かった。〝薩摩の鞘割《さやわり》〟と諺《ことわざ》のように言われていた。「鞘割」は抜いた刀を再び鞘におさめぬ覚悟で戦うこと。獰猛《どうもう》で着火しやすい彼らは、豪傑大久保甚太夫の恰好《かっこう》の敵役《かたきやく》だ。おそらく大久保の武勇が語り継がれるうちに、話が血湧き肉躍る豪傑譚《たん》に成長し、いつしか郡山藩は薩摩藩に替わったのだろう。

〈大久保甚太夫七十人斬り〉、あるいは死闘が演じられたとされる西木戸付近の茄子屋《なすや》の辻の名にちなんで〈茄子屋の辻の決闘〉。史跡の解説は、そんな芝居じみた伝承をもとに書かれたと推測される。史実としては真っ黒だか、話としては面白い。

◆中村十竹、蒲原宿一件の誤りを指摘する

大久保甚太夫vs薩摩藩、甚太夫七十人斬りはフィクションだとしても、小神野の記述は正確なのだろうか。ここでも中村十竹に登場を願わなくてはならない。

例によって中村の調査は入念だ。人名や事実の誤りを、蒲原宿で騒動を目撃した者の供述記録

ほかに基づいて指摘する。

まず事件が起きた年月日を承応二年（一六五三）四月二十九日と明記。大久保は寛永十九年（一六四二）六月に召し出され禄二百石の書院番となった。相手の名は牛田又助ではなく上田又助。上田は平野喜三郎、宇野新左衛門と三人連れだったという。

中村は喧嘩の場面も克明に補足している。

―四月二十九日の朝四つ時分（午前十時頃）、蒲原宿の西尾戸右衛門という問屋の前で、大久保は後から来た上田又助に声を掛け、佐分利《さぶり》流の鐺で突いた。上田は馬をおりて抜刀。大久保は上田の若党を突き伏せ、大久保の若党がその首を打ち落とした。上田は刀をさげたまま傍らの人家に身を隠し、そのまま出て来なかった。しばらくすると平野と宇野が来て大久保と戦ったが、勝負は決しなかった。その後ふたりは人家に逃げ込み、大久保もまた山手に逃げ去った―。

大久保に鐺で突かれた上田又助がその場で絶命せず、国許に帰ったのち切腹を命じられたという指摘も貴重だ。

中村には、なにより小神野が大久保を豪傑のように讃美しているのが気に入らなかった。大久保は国許への帰途、復命も済まないうちに品川宿で遊女に溺れたのが原因で私闘を演じ、のみならず木陰で熟睡していたところを討たれた馬鹿侍（「空侗士《うつけさぶらい》」）ではないか。遊女を買ったことも、「口に述るも穢らはしき遊女に心をとらかされ」と糾弾している。中村は潔癖な人だった。

肝心の点、頼房が品川まで出馬し、高松の英公に部隊を出船させたという記述についてはどうか。

中村は、自分はよく知らないが（「余もしらぬ事なれ共」）と断ったうえで、「黄門公」（頼房）が、高松藩の番頭《ばんがしら》クラスの大久保が「犬死」したくらいで軽々しく出馬したとは思えない。まったく人を馬鹿にした話だ。浄瑠璃本（お芝居）のような作り話だと否定している。高松藩が百人の部隊を船で差し向けたことについても、そのような事実は旧記に見えず、小神野が百人のうち一人の姓名も挙げていないのが、作り話であるなによりの証拠だと切り捨てている。

なるほど中村の指摘はもっともであり、小神野の記述はどこかウソくさい。たとえ静岡市が作成した解説とは比較にならないほど信憑性が高いとしても。

◆泰平の世でもありえた、武士の残虐な復讐劇

頼房の出馬（それは彼の闘争的な気性を饒舌《じょうぜつ》に物語る行為だ）はウソかマコトか。そもそも蒲原宿焼き討ちというような残虐な復讐が、かりにも泰平の世にありえたのだろうか。

数年前、著者は『仮寝《かりね》の夢』という書物で次のような酷い事件に遭遇した。『仮寝の夢』は幕府の使番《つかいばん》を務めた諏訪七左衛門頼武《よりたけ》が、文政《ぶんせい》四年（一八二一）、七十四歳のとき著した雑録である。

宝暦四年（一七五四）の十一月末、芝口露月町《しばぐちろうげつちょう》（現在の港区のうち）で、幕府大番頭《おおばんがしら》水野十兵衛忠英《ただふさ》の同心が、尾張藩（徳川尾張家）の小荷駄《こにだ》（馬で荷物を運ぶ者）八人と衝突し、多勢に無勢、さんざんに打ちのめされ、帰宅後その傷がもとで絶命した。きっかけは尾張藩の大切な荷物と接

触したという些細なトラブルだった。

当時五十八歳だった水野は激怒。「同心といっても幕府の直参。打ち殺した者たちを見のがすわけにはいかない」（意訳）と尾張藩の江戸藩邸に押しかけ、小荷駄八人の首を要求した。

尾張藩は八人のうち頭取の首を渡して事を済ませようとしたが、水野は承知しない。八人で打ち殺したのだから八人の首を！　全員の死を要求し、それができないなら拙者が切腹して首を差し出すだろうと通告した。今月中に八人の首を差し出すか、拙者に腹を切らせるか、選択を迫ったのである。結局、尾張家は八人の首を斬って水野に差し出したという。まさか幕府の旗本に腹を切らせるわけにはいかないからである。

水野は、幕府の権威を借りた残虐無比の旗本だったのだろうか。『仮寝の夢』の著者諏訪七左衛門は、意外にも水野を「甚気性たくましく、一度言出《いいいだ》せし事反古《ほご》にせぬ人也」と評し、「組子《くみこ》を思ふ事我子の如しと、大丈夫《だいじょうぶ》のなす事如此《かくのごとし》と言《いえ》り」と称賛している。やると言ったら必ずやり通す男で、配下の者をわが子のように大切にする。だからこそ御三家の尾張徳川家に対しても臆せず八人の首を要求したというのだ。事件後、水野の評判はさらに高くなったとか。

勇士の手本と讃えられたとはいえ、水野の行動は、武士の世界の残酷な復讐意識をあますところなく示している。もっとも、尾張徳川家の小荷駄たちも残酷さにおいて大差ない。なにしろあやまって接触したというだけで、水野の同心一人に大勢で殴りかかり致命傷を負わせたのだから。

水野十兵衛の事件より七十六年前、延宝《えんぽう》六年（一六七八）五月には、さらに信じがたい復讐騒動が起きていた。

事件の経緯はこうである。

尾張藩の又侍《またざむらい》、すなわち藩士の家来が、市谷《いちがや》の尾張藩邸と程近い左内坂《さないざか》の研《と》ぎ屋と口論になり、刃傷沙汰を起こして近所の町人たちに取り押さえられた。口論の原因はあきらかでない。すくなくとも事件の顚末を記した『守山御日記《もりやまおにっき》』（水戸の支藩である陸奥国守山藩の記録）にはなにも書かれていない。ともあれ町人たちは、男が尾張藩士の家来と知って縄を解いて藩邸に連れて行き、事情を述べたうえ、藩邸のしかるべき方と今後の処置についてご相談したいと申し入れた。

ところが藩邸側は町人たちの要望を突っぱね、「当藩士の家来と確認したうえで対処したい。それまで男の身柄はその方たちに預ける」と答えた。これでは事件の解決は遅くなるばかりだ。町人たちは町奉行の嶋田出雲守に訴え、男は牢に入れられた。

その後、尾張藩主徳川光友の世子綱誠《つななり》から嶋田出雲守に対して、男は当家の又侍に違いないので身柄を引き渡すよう申し入れがなされた。しかし嶋田はこれに応じず、怒った綱誠は藩の担当者に腹を切らせた。事件はやがて幕府の耳にも入り、嶋田に男を戻すよう圧力をかけ、嶋田はやむなく男を引き渡したのだが……。藩邸への帰還は、男にとって死を意味していた。町人たちに捕らえられ縄をかけられたことが藩の名誉を著しく汚したとして、処刑されたのである。

尾張藩側の憤りはおさまらない。又侍を処刑したのち、尾張藩は左内坂の町人を一人残らず引き渡していただきたいと幕府に願い出たと『守山御日記』は伝えている。当家の又侍を処刑したのだから、相手側の血も流れなければという論理だ。

町人たちは皆殺しにされたのだろうか。幸い尾張藩の願いは容れられず、左内坂の研ぎ屋に「閉戸」、監禁処分が下されただけで済んだという。

もし左内坂の町人たちが尾張藩邸に引き渡されたとしたら、彼らも又侍同様、処刑されたのではないだろうか。御三家尾張藩の面子《メンツ》に泥を塗った町人たちは、間違っても無事に家に帰れなかったはずだ。この事件、蒲原宿の騒動と似ていないか。家臣やその従者の命の償いに多数の庶民の命を要求して憚らない感覚は、まさに頼房のそれと通じる。

頼房が水戸藩主になったのは、慶長《けいちょう》十四年（一六〇九）十二月だが、その直前、常陸国奥久慈《おくくじ》の生瀬《なませ》郷で、領主（当時の領主は頼房の兄頼宣《よりのぶ》）の苛政《かせい》に対する不満が爆発し、年貢の取り立てに来た役人を殺害する事件が起きた（生瀬一揆　一揆勃発の年については諸説あり）。領主側はただちに兵を差し向けて生瀬郷を包囲し、村人を皆殺しにしたと伝えられている。生瀬郷の惨劇といい左内坂の一件といい、江戸初期には想像を絶する報復がありえたのである。中村は頼房出馬をバカバカしい作り話と断定するが、江戸後期に誕生した彼には、頼房の心理は容易に理解できなかったのだろう。

◆家光に愛される英公、嫉妬する頼房

戦国以来の武士の気風とはいえ、頼房には激情的で嗜虐的な傾向があり、英公には頼房によって水にされかけ京都に逃げ隠れた記憶があった。父子の間に不和が生じる素地は、それだけでも十分過ぎる。

加えて京都から戻って来た英公は、やがて将軍家光のお気に入りとなった。面倒な問題を家光に上げるときは、英公を通せばすんなり事が済む。老中たちも英公をもてはやした。おのずと英公は自信満々。いささか増長気味であったとしても不思議はない。

英公の青年時代は、頼房のそれに引き続き、派手で放埒な風俗や言動を誇る〝かぶき〟の時代である。英公もまた装飾過剰なファッションに心惹《ひ》かれ、同様の好みは武器や調度類についても顕著だった。

そんな好みを知ってか、家光は英公に「熊革抛鞘之御鑓《くまがわなげさややり》」(将軍家が誇る百本の鑓の一つ)を下賜《かし》し、「金御紋之御先挟箱《おさきはさみばこ》」(金紋付きの挟み箱)の使用を許した。あるいは英公からおねだりしたのかもしれない。

おねだりと言えば、英公は松平陸奥守(仙台藩主伊達忠宗《ただむね》)に、臆面もなく「鳥毛之対鑓」を所望した。対鑓は行列の従者に持たせる一対の鑓である。この話には当時の英公の傍若無人《ぼうじゃくぶじん》ぶりを物語る続きがある。

対鑓を英公に譲ったのちも、陸奥守が同様の鑓を従者に持たせているのを見た英公は、「私が頂戴した鑓と同じ物を持たせるなんて、貴殿はどういうおつもりなのか」（「御ねだり申給候鑓を又々御持せ候は如何《いかが》の事に候哉《や》」）と陸奥守を問い詰めたという。素敵な鑓だから自分だけの物にしたいと頂戴したのに、同じ鑓を使い続けるなんて信じられないというのである。

武器としての性能ではなく見た目に心を奪われた英公の気持ちを陸奥守は理解できなかったのかもしれない。陸奥守は英公より二十三歳年長で、十九歳年長の頼房と同世代だ。若い頃はやはりかぶき者の風に染まっていたに違いない。かぶき者にも世代間のギャップがあったのだろう。

金紋の挟み箱を先頭に、鳥毛の対鑓、長刀、熊革抛鞘の鑓、立鑓の五つ道具で颯爽《さっそう》と行列を組んだ英公の姿が、頼房には気がかりであり、それにもまして気に入らなかった。あの「馬鹿者」。いつもではないが、頼房は英公をこう呼んでいた。万事派手過ぎる（「万端御はで過候」）。いい気になっている、と。

陸奥守にねだって手に入れた鳥毛の対鑓は、しかし小さな事件が原因で使用を自粛せざるをえなくなった。

ある日、五つ道具で意気揚々と江戸城へ向かっていた英公の行列が、和田倉門《わだくら》から下城しようとしていた頼房の行列と出くわした。見ると、なんと父の頼房が駕籠から降り、行列を片側に寄せ、英公の行列が通り過ぎるのを待っているではないか。驚きかつ当惑した英公が駕籠を降りて父の傍に歩み寄ると……。頼房は英公の顔をつくづくと見て「なんだお前だったのか。館林相《たてばやししょう》公《こう》かと思った」（「館林相公と御見違被遊候由《おみちがえあそばされそうろうよし》」）と言って駕籠に乗り直し、頼房の行列は去って行った。

館林相公と見間違えて敬意を表したのだが、まさかお前だったとは……。言葉通りに受け取ってはいけない。これは不相応な（すくなくとも頼房はそう感じていた）行列を組むわが子に対する戒めであると同時に痛烈な皮肉だ。この事件がきっかけで、英公は江戸とその周辺（「御地廻り」）で鳥毛の対鑓を自粛したと小神野は記している。

この話が事実かと言えば、大いに疑わしい。頼房が駕籠から降りるほどの相手であれば、館林相公は、寛文元年（一六六一）閏《うるう》八月に上野国《こうずけのくに》館林藩主となり、同年十二月に参議（相公は宰相と同じく参議の別称）となった、のちの五代将軍徳川綱吉《つなよし》でなければならない。ところが頼房は寛文元年七月に没している。おかしいのである。おそらく頼房と英公の間に似たようなことがあり、語り継がれていくうちに事実と異なる要素が付け加わったのだろう。

鳥毛の対鑓だけではない。家光が直々に許可した金紋の挟み箱も、頼房によって使用が禁止された。英公に対する積もりに積もった不満が噴出したのである。

いくら本家の父とはいえ、将軍が許した物を簡単に禁じるわけにはいかない。きっかけは、高松藩小性頭の師岡庄右衛門と幕府旗本の喧嘩だった。

師岡はまだ前髪も剃っていない十六歳の美少年だった。師岡が小性を一人二人伴って江戸城日比谷門の前を馬で通り過ぎようとしていたときだという。門内から旗本らしき人が馬に乗って近づき、師岡が被っていた笠を引き上げて「美しい若衆じゃないか」（「扨《さて》も能《よ》き若衆哉《かな》」）と言葉をかけ、師岡の顔を舐めるように見つめた。師岡が流行の丹前風の衣服を着けていたので、嬲《なぶ》ってやろうとしたらしい。

師岡の若党が腹を立て、「何者だ。前髪の者に対して無作法であるぞ。さっさと立ち去れよ」と、旗本の馬の口を取って引き離そうとした。『盛衰記』の原文は「何人《なにびと》なれば前髪付《つき》之者へ無作法也、被通《とおられ》候得《そうらえ》」。主君の寵愛を受ける前髪の美少年に性的な言葉をかけたり顔を凝視したりするのは、あってはならない行為だったのである。

若党のこの言葉に、今度は旗本の従者がキレた。「陪臣《ばいしん》の身で無礼だ」と鑓の石突《いしづき》（穂先の反対側）で若党の胸を突き、首を討てという主人の声で若党を斬り殺した。旗本の従者たちが門内に入ると、門番は「喧嘩だ」と叫んで門を閉め、師岡らは閉め出された。師岡と同伴していた小性たちはすでに門前を通り過ぎていて、事件が起きたことすら知らなかったという。

師岡は若党を討ったのが何者かもわからないまま藩邸に帰った。本来ならば、武士にあるまじき者として切腹をまぬがれないところだったが、英公は、師岡がまだ元服前という理由で罰しなかった。罰しないばかりか、大坂夏の陣で壮烈な討ち死にを遂げた木村重成《しげなり》の故事を引いて、今後立派に奉公すればいいと師岡を激励した。英公は師岡を特別に可愛がっていたのかもしれない。寛容な英公。美談と言ってもいいだろう。しかし頼房にはこれがいたく気に入らなかった。

『盛衰記』はこう記している。「然共《しかれども》黄門公思召《おぼしめし》に不叶《かなわず》、英公へ御過怠《ごかたい》として金御紋御挟箱御差留《おさしとめ》被遊《あそばされ》、夫《それ》より無紋に相成申候」。師岡にしかるべき処分を下さなかったのを重大な過失と見なし、罰（「過怠」）として英公に金紋の挟み箱の使用を禁じたというのだ。

喧嘩のきっかけは旗本の不作法だったとしても、そもそもの原因は師岡が流行の身なりをしていたから。主君が主君なら家来も家来。英公の派手好きに眉をひそめていた頼房は、絶好の機会とばかりに鉄槌《てっつい》を下したのである。

以上、頼房が英公を疎ましく思うようになった理由はさまざまだったが、決定的なきっかけは、江戸城内で目の当たりにしたある場面だったと小神野は記している。一体どのような場面だったのか。とりあえず『盛衰記』の記述にしたがってその場を再現すると。

部屋には腰屛風《こしびょうぶ》が立てられ、その前に土屋相模守《さがみのかみ》ほかの老中が列座していた。そこで頼房が目にしたものは。奥（将軍が日常生活を過ごす領域）から英公が出て来て、屛風越しに（屛風の後ろから）相模守の肩衣《かたぎぬ》を引きながら「相模、相模」（原文）と呼んだ。英公は土屋相模守となにやら閑談《かんだん》したのち、再び奥へ帰って行った。

将軍家光の側近くにいた英公が、老中たちの執務室に現れ、土屋相模守の肩衣を背後から引っ張って話しかけ、とりとめのない雑談を交わしたのち、当然のように将軍がいる奥に戻ったというのだ。

いくら将軍のお気に入りで老中たちと親しいといっても、まるで自身の屋敷内のように気ままにふるまうとは、あまりに傍若無人ではないか。しかも父である自分の眼前で。頼房が「まったく、調子に乗り過ぎている」（扨々《さてもさても》御しなし過候事）と憤ったのも無理もない。小神野によれば、このとき以降、父子の間は冷め切り、頼房は事あるごとに英公に冷たい態度をとるようになったという。原文は「夫《それ》より御間柄悪《あ》敷成《しくなり》、何ぞに付《つけ》ても水戸様より御こだわり被遊《あそばされ》候様《そうろうよう》に相成申候」。これまたお芝居のように面白い。

ところがこの場面にも問題がある。なによりこの時期の老中に土屋相模守の名は見当たらない。土屋相模守政直《まさなお》が貞享《じょうきょう》四年（一六八七）に老中になっているが、頼房の没後二十六年だから該当しない。小神野が『盛衰記』を著した際に間違えたのか、それ以前から誤って伝えられていたのか。いずれにしろ英公が「相模、相模」と土屋相模守に声をかけたことはありえない。例によって小神野の記述は正確さを欠いている。中村十竹でなくてもイライラする。

しかし、だからといってまったくの作り話とも思えない。寛永十五年（一六三八）、十七歳で家光に初めて拝謁したときから慶安《けいあん》四年（一六五一）に家光が没するまで、英公は家光のおぼえめでたく、老中たちとの関係も良かった。そんな英公に頼房が嫉妬し、不快感を抱いたのは十分に考えられる。『盛衰記』の記述に誤りがあったとしても、似たような場面があった可能性は高い。

◆頼房に拒絶された英公を重臣たちが必死にフォロー

息子に対する父の態度は、ときにイジメとも思えるほど露骨なものだった。

高松に在国中、英公は船奉行の渡辺伊賀と与力の岩淵勘右衛門を従えて長崎表見廻りのため出船した。ところが思わぬ悪天候で、あわや難破の危機に見舞われる。もはやこれまでと思われたとき、船頭を務めていた岩淵が、船頭は船で死ねれば本望。精一杯やってご覧にいれましょうと啖呵《たんか》を切り、巧みに梶を操って無難に乗り切った。

大手柄を立てた岩淵だったが、その後母親から不孝者と訴えられ（理由はさだかでない）、身柄を渡辺に預けられたのち、逃亡。行方を厳しく捜索すべきではとの伺いが出されたが、英公はこれを許さなかった。上意の原文は「いわれぬ事を申者哉《かな》、迯《にげる》は迯次第に可仕候《つかまつるべくそうろう》、とらへて何に致哉《いたすや》」。「わけのわからぬことを伺うものだ。逃げたのなら逃がしておけばいい。捕らえてどうする」というものだった。岩淵に命を救われた恩を感じていたのだろう。岩淵を逃がした渡辺に対しても、なんの処分もなかった。

寛容な殿様。しかしこれで事はおさまらなかった。水戸藩から英公に付けられていた徒目《かちめ》付《つけ》から事の次第が報告されると、頼房は著しく気分を害したのである。

翌年、江戸に到着した英公が水戸藩邸に参府の挨拶に訪れても、頼房は対面しようとしない。しかたなく英公は頼房が下城して藩邸に戻って来るところを玄関で待ち受けたが、頼房は英公が控えている方を見向きもせず通り過ぎた（「黄門公、英公の方を御見向も無之《これなく》御《お》通《とお》り」）。英公は七十日余も水戸藩邸に詰めたが、一度も頼房に面会できなかった。

当惑する英公を救ったのは、高松藩の重臣彦坂織部《ひこさかおりべ》（名は玄隆）だった。

彦坂は初め小性として頼房に仕え、大番頭まで昇進。寛永十六年（一六三九）に英公が下館《しもだて》藩主になったのにともない、英公付きの家老となり、寛永十九年、高松移封に際して高松藩の大老となった。頼房はもちろん水戸家中に顔を知られていた。

英公が彦坂にそれまでの経緯を語り、「どうしたらよいか」（「如何《いかが》可被遊哉《あそばさるべきや》」）と相談すると、彦坂は「ご心配なく」（「少しも御気遣ひ被遊間敷《あそばされまじく》候」）、明日にでも対面できるよう取り計らいましょうと自信ありげに語った。

翌日、彦坂は水戸藩邸に赴き、頼房の帰宅を待った。下城して藩邸に帰り、ひさしぶりに彦坂の顔を見た頼房は、変わりない様子でめでたいと言葉をかけ、奥へ向かおうとした。

そのとき、彦坂は端座したまま頼房の足元にすり寄り（時代劇でよく見かける場面だ）、こう述べたという。「殿様（英公）が船で長崎へ向かわれたのは私も承知しております。それは高松藩が西国防備の役を担っているため、九州筋の海上の様子を知る必要があるからです」。

彦坂も承知していたと聞いて頼房は安堵の表情を浮かべ、即刻英公を呼び寄せて父子の対面が実現したと『盛衰記』は伝えている。右によれば、頼房は英公が岩淵と渡辺を咎めなかったことではなく、彦坂に無断で出航したことを問題視していたようだ。頼房の心中を察した彦坂が誤解を晴らして、ようやく父子は和解したのである。

彦坂が頼房の足元にすがりついたのは、いつのことなのか。英公は慶安元年（一六四八）十月十三日に「島廻り」と称して中国地方から九州まで視察の航海をし、同二十九日に高松に帰城。翌年五月二日に参勤のため高松を出船し、同十五日に高松藩江戸藩邸に入った。となると頼房に面会を拒絶されたのは慶安二年五月十五日以降で、問題の場面はその二、三ヶ月後と思われる。頼房四十七歳、英公は二十八歳だった。

慶安元年に英公が瀬戸内海から九州方面まで巡航した件については、御厨義道「高松藩主の『舟遊』について」が、英公の紀行などを用いて詳しく記している。それによれば、英公の船は五、六艘の供船《ともぶね》を従えて瀬戸内海を進み、尾道、忠海《ただのうみ》、三田尻《みたじり》に停泊して小倉に着いたが、長崎へは向かわず、小倉で一泊して高松に帰った。長崎まで行ったのは家老の大久保主計《かずえ》で、大久保は小倉で英公に拝謁したのち陸路長崎へ向かったという。

御厨氏は、前の年にポルトガル船が長崎に来航して国交回復を要求した事実に言及し、この巡航には「対外的な危機状況を想定した沿岸情況の巡視の意味があった」と推測している。注目されるのは、この巡航が非公式のものだったという指摘だ。だとすれば、彦坂は承知していても、頼房には知らされなかったのも頷ける。とはいえ、英公ひいては高松藩政について詳細な情報を得ようとしていた頼房にとっては、自分に無断で九州まで巡航した英公の行動は、ひどく癇《かん》に障《さわ》ったのだろう。

英公を救ったのは彦坂織部だけではない。これより先、大須賀久兵衛《きゅうべえ》（名は重信）もまた父子の仲介役を果たしている。

大須賀は、彦坂同様初め頼房に仕え、英公が下館藩主を拝命したのにともなって英公に付けられ、下館城代になり、高松に国替え後は家老として仕えた。

頼房の機嫌を損ねたのは、やはり徒目付からの報告だったという。報告の内容は不明だが、報告を受けた頼房は、英公の進物《しんもつ》を一切受け取らなくなった。原文は「御徒目付より何歟《なにか》申上候哉、与風《ふと》御進物一切御断《おことわり》にて、度々被進《しんぜられ》候へ共御不納《ごふのう》に相成」。英公が繰り返し進物をしても、頼房は頑《かたく》なに受納を拒んだのである。

一体なにが気に障ったのか。困惑した英公はそれでも進物を止めず、新たに手傘を一本贈呈した。「御好《おこのみ》にて御手傘壱本被仰付《おおせつけられ》」とあるように、父の好みを熟慮して特別に作らせた品だった。手傘には「御庭でご使用ください」（「御庭傘に御用ひ被遊被下《あそばされくだされ》候様《よう》に」）という懇切な口上も添えられていた。

はたして父は受け取ってくれるだろうか。英公が進物の使者を命じたのが大須賀久兵衛だった。ぜひこの品を受納していただくように命じられた大須賀は、必ず役目を果たすと誓って高松を発った。

江戸に着き水戸藩邸に参上した大須賀は、取次番《とりつぎばん》に口上を述べ、進物を渡した。水戸藩邸には重臣以下旧知の者も多く、大須賀は楽観していたようだ。ところが戻って来た口上番から告げられたのは、進物は受け取らないという頼房の言葉だった。このままでは主君への約束が果たせない。大須賀は膝を立て直し、一歩も引かない覚悟を全身で示して次のように述べたという（意訳）。

ご苦労ですがもう一度大殿様（頼房）にお取次いただきたい。この進物を差し上げる、ただそれだけのために私は江戸まで参ったのです。受納を断られたからといって、どうしてすごすごと帰れましょう。それは私の無能さをさらすようなもの。大殿様が見込んで英公の家臣とした私が無能だったとなれば、大殿様に人を見る目がなかったことになります。

大須賀は続いて「何分御《ご》受納《じゅのう》不被遊候得《あそばされずそうらえ》ば、御玄関を穢《けがし》候《そうろう》間《あいだ》、此段《このだん》被仰上《おおせあげられ》給《たまい》候《そうろう》様《よう》に」と決死の覚悟を語った。これほど申し上げても受け取っていただけないなら、玄関をお借りして腹を切る所存。大須賀がそう申していると大殿様に伝えてください、というのだ。

大須賀の捨て身の言葉に頼房は反応した。脅迫であれ不作法であれ、頼房はこのような死を恐れぬ態度が大好きだった。武将の血が騒いだのだろう。大須賀の言葉を聞いて頼房は機嫌を直し、進物を受け取ったばかりか、「久兵衛、ひさしぶりじゃなあ」と親しく言葉をかけたという。機嫌を損ねた理由も大したものではなかったのかもしれない。

英公が喜んだのは言うまでもない。大役を果たして帰った褒美に、大須賀の次男数馬《かずま》が百五十石で小性組に召し出された。話の情報源は、小神野の父と後藤風外そして大須賀十兵衛の「直物《じき》語」。三人から直に聞いたという。

わが子を流そうとした光圀、そして節公（頼常）誕生

◆光圀が男子誕生を望まなかった理由

父と子のしっくりいかない関係は、英公と節公（光圀の男子で英公の養子となって二代目高松藩主となった松平頼常）にも引き継がれた。ふたりはなぜそしてどのように不和だったのか。養父子の関係について述べる前に、本書は節公の出生に触れなければならない。

光圀が、六歳上の兄頼重（英公）を差し置いて水戸徳川家の世子に選ばれた理由はさだかでない。頼房に幕府が付けた家老（附家老）の中山備前守信吉が、当時六歳だった光圀の利発さに感じて世子として家光に推奨したという話（『桃源遺事』）もあれば、英公が重い疱瘡《ほうそう》を病んでいたからという説（御厨義道氏ほか）もある。家光が正室を持たない頼房に世子の決定を強く迫り、当

時疱瘡で生死が知れなかった英公ではなく光圀が選ばれたという説（永井博氏）も。いずれが正しいか、著者には判断できない。いずれにしろ寛永十年（一六三三）十二月、頼房の跡継ぎは十二歳の英公ではなく、六歳の光圀に決定した。前述のように英公はその後、下館藩主を経て高松藩主になり、光圀に対して特にこだわりがあった様子はない。こだわりは光圀の心の中に芽吹き、そして増殖した。

正保《しょうほう》二年（一六四五）、十八歳の光圀は、たまさか『史記』の列伝「伯夷《はくい》伝」を読んで、水戸徳川家の家督を兄の子に譲ろうと決意したという。「伯夷伝」の内容は、父が兄伯夷ではなく弟の自分を跡継ぎに選んだことに思い悩んだ叔斉《しゅくせい》が、父の没後、兄に跡を継ぐよう求めたところ、伯夷は父の命には背けないと姿を消し、叔斉もまた兄を差し置いて跡を継ぐわけにはいかないと国を去るというもの。

頼房の没後、寛文元年（一六六一）八月十九日、江戸水戸藩邸の光圀のもとに家督相続を命じる幕府の使者が訪れ、光圀は三十四歳で水戸藩主となった。その前日、藩邸に英公ほか兄弟が会する座で、光圀は英公の長男で当時十四歳の松千代《まつちよ》（のち綱方《つなかた》）を養子にし、自分の没後、水戸家を継がせたいと宣言した。そうすれば家督を継ぐべきだった兄への償いになるというのだ。英公は固辞したが、光圀は許されなければ家督相続を断ると言う。弟たち（頼元、頼隆）の説得もあって、英公はやむなく承諾する。長年の懊悩《おうのう》が晴れた光圀は大いに喜んだと伝えられている（『水戸紀年』ほか）。

松千代（綱方）は水戸の世子となったものの、寛文十年（一六七〇）、疱瘡のため二十三歳で亡くなった。これより先、寛文五年に英公の次男采女《うねめ》（のち綱条《つなえだ》）も光圀の養子となり、結局綱条が光圀の跡を継いで水戸家を相続することになる。

光圀は、いつ頃から兄の子を養子に迎えたいと考えていたのだろうか。承応三年（一六五四）、光圀は二十七歳で近衛信尋《のぶひろ》の女《むすめ》尋子（泰姫）と結婚したが、尋子は子を産むことなく、四年後に二十一歳で亡くなった。光圀には定まった側室はなかった。かといって一人の子も孕ませなかったわけではない。それどころか『盛衰記』によれば、光圀は「御妾」（側室）が懐妊しても、すみやかに流産させ実子が授からないようにしていたという。原文は「御妾に御孕《おはらみ》之御子有之《これあり》候得ば、早々御流《おながし》被遊《あそばされ》、とかく御実子様之御誕生無之《これなき》様に被遊候」。小神野は続けて「英公御聞被遊、数多《あまた》之御子様方を水に被遊候義気之毒に思召《おぼしめし》」と記している。その話を聞いた英公が、「多くのお子様が水にされているとは、なんてお気の毒な」と心を痛めたというのだ。

◆水にされかけた頼常（節公）誕生の経緯

節公もまた水にされかけた光圀の子だった。『盛衰記』の記述が正しいとすれば、水にされかけた光圀の子の一人だったと言い換えなければならない。『盛衰記』は、節公の生母は「御風呂に懸り候女中」と記している。湯殿で雑用を務める女中に手を出したのだろう。二十五歳の若君が、すぐそこにいる若い女性に手を出したとしても不思議はない。孕んだ子は水にすればいい。

女中は懐妊したが、水戸の家臣三木仁兵衛（英公と光圀の命を救ったあの人物である）は、光圀に隠して英公に報せ、妊婦を自宅に引き取りひそかに出産させたと『盛衰記』は伝えている。

事実はすこし違う。すくなくとも出産したのは三木の自宅ではない。出産の経緯は、頼房そして英公に仕えた三浦市右衛門が寛文九年（一六六九）に六十三歳で著した『三浦市右衛門覚書』に事細かに記されている。以下この覚書にそって、節公の誕生から高松行きまでを振り返ってみよう。

三浦市右衛門はどのような人物か。その経歴も興味深い。

若い頃から太田備中守（資宗《すけむね》）に内々で奉公していた三浦（姓名は節目《ふしめ》ごとに変わったが、本書では三浦市右衛門で統一したい）は、「仕官先に特に望みがないなら、正式に俺の家来にならないか」という太田備中守に対して、「どうせ仕官するなら、尾張・紀州・水戸のいずれかに。御三家ならばとりあえずは草履取りでもかまいません」と答えた。太田の養母英勝院は頼房の養母でもあった。そのつながりで水戸家とは関係が深い。太田は三浦を水戸の附家老中山備前守に紹介し、元和八年（一六二二）、三浦は十六歳で頼房に召し抱えられた（このとき押田三之丞と称した）。

英公が下館藩主になり、寛永十六年（一六三九）十一月に下館に国入りしたとき、三十三歳の三浦も御供に加わった。すでに英公に顔を知られていたと思われる。しかし寛永十九年に高松に国替えになったときは英公に従わなかった。覚書によれば、頼房から英公に付けられた「御附人」が多かったため、三浦は除かれたのだという。

同年五月、国入りのため江戸を出立する前に、英公は三浦にこう打診したという。「お前は以前から雇われ、気心が知れている。私から父上（頼房）にお願いするから、どうだ、高松に来ないか。それとも高松のような小藩は嫌か」。三浦は「御用に立つのなら御供致します。死ぬまで御奉公する所存です」と意欲満々だった。さっそく頼房にその旨を伝えたが、頼房からは承知とも不承知とも返事がない。結局、英公への仕官は見送られた。

覚書には、ある人から聞いた話として、英公が悪所狂い（遊女狂い）など放縦《ほうしょう》に流れぬよう、頼房が英公のお気に入りの者を付き人に加えなかったという裏事情が記されている。

翌寛永二十年、参勤で江戸に来た英公は、あらためて附家老の中山に三浦を頂戴したいと申し出たのだが……。中山の返答は「もうすこしお待ちになったら」というものだった。中山によれば、三浦は走力にすぐれ稲富《いなとみ》流の小筒にも長け、狩に欠かせない者なので頼房が手放したがらないというのである。

なんとしても英公に仕えたい。時節の訪れを待っていた三浦に、承応元年（一六五二）、英公の家来中島忠兵衛からひそかに連絡があり、三浦は小石川の水戸藩邸を出て、「千住口ほきま村」（保木間村　現在の足立区のうち）の河内織部という「浪人百姓」（浪人で百姓になった者という意味か）のもとに身を隠した（このとき押田三之丞から田中与右衛門と名を改める）。

中島は「水戸を浪人したなら、他に仕官の望みがなければ当家に参れ」という英公の言葉を伝え、三浦は「いかにも御意《ぎょい》次第」（原文）と快諾。英公から下された「御成橋備前町《おなりばしびぜんちょう》（桜田備前町現在の港区のうち）の間口四間の町屋に妻子を連れて移り住んだ。三浦は四十六歳になっていた。

その後、英公から当年（承応元年）中に妻子ともども上方《かみがた》に遣わすかもしれないので準備怠りなきよう仰せがあった。

なんのために妻子を連れて上方に行くことになったのか。理由は、ほかでもない、節公の誕生である。

女中が懐妊したと聞いた光圀は、家臣の伊藤玄蕃《げんば》に女中を預け、「男子が誕生したら直ちに命を絶て。女中は何方《いずかた》なりとも縁付かせよ」と命じた。せっかくの男子誕生を。伊藤は説得を試みたが、光圀は聞く耳を持たない。光圀の「御意」は「当家は本来ならば兄が継ぐべきだった。いずれ兄の子を養子に迎え当家を継がせるつもりである。だから私が男子をもうけても意味がない。男子が誕生したら必ず殺すように」というものだったと覚書は記している。

後半の原文は「我等は男子は無益なれば、若此度《このたびのごとく》男子出生は、是非失《うしない》可申《もうすべく》候《そうろう》御《ご》誓言《せいごん》」。事実とすれば、光圀は堕胎ではなく、新生児の性別を確認したうえで、男子ならば殺せと命じたことになる。

伊藤（『盛衰記』では三木仁兵衛とされているが、伊藤が正しい）はひそかに英公に伝え、英公は光圀と対面して今後どうするか相談したという（「御相談之上にて諸事御究《おきわめ》」）。

承応元年十一月二十一日の夜五つ時（午後八時）、女中（玉井氏、名は春《はる》。後の親量院）は男子を出産。駕籠で小石川の水戸藩邸から備前町の三浦宅に運ばれ、三浦の妻が産湯をつかわせ臍《へそ》の緒を継いだ（切った）。産児は鶴松《つるまつ》様と命名され、臍の緒は、産髪《うぶがみ》、産着《うぶぎ》ほかとあわせて三浦家の宝物となった。

男子の誕生は、光圀の奥方や頼房には深く秘され、水戸藩邸では流産と披露されたという。三浦はこの件についての真相は自分のような者にはうかがい知れないと断るのも忘れなかった。自宅で鶴松様が誕生したのは事実だが、英公や光圀など上《うえ》つ方《かた》（貴人）のことは、世間の取沙汰を記しただけというのだ。あるいは軽率に秘密を漏らしたと咎められるのを恐れてそう書いたのかもしれない。

◆英公の指示で、生後一ヶ月足らずで京都に逃げた節公

誕生四日後の十一月二十五日、三浦は英公から直々に鶴松の御供をして京都へ行くよう命じられた。―藩の御薬坊主《おくすりぼうず》草川玄迪《げんてき》の父親が京都の御幸町《ごこうまち》で塗物細工を営んでいるので、玄迪と諸事申し合わせ京都に滞在せよ。来年四月中に高松から人を遣わすので、一緒に高松に来るように。ただし道中はできるだけ目立たぬよう心がけ、京都でも正体を知られぬよう隠密に―。

英公の指示は細かい。鶴松の正体が露顕しないよう、鶴松を三浦の息子と偽るように。そのためには夫婦ともに「様」を付けて呼んではならないとも。三浦は困惑した。鶴松は大殿様（頼房）の幼名鶴千代丸の「鶴」の字を取ったもの。とても「鶴松！」とは呼べない。いっそ仮の名

（偽名）でお呼びしたいと申し上げた。三浦「吉十郎《きちじゅうろう》様ではいかが」。英公「吉十郎、門出には良い名じゃ」。こうして「鶴松様」は「吉十郎」と呼ばれるようになった。幕府にも水戸藩主の頼房にも知らされぬまま、承応元年十二月五日、生後一ヶ月に満たない節公を乗せた駕籠は、極秘裡に江戸を出立したのである。

覚書には「吉十郎様御道中御供男女之事」と題して、御供の面々が列挙されている。

一行は、三浦夫妻と草川玄迪のほか、三浦の子で五歳の八平、三浦の譜代の従者喜右衛門、同下女つた、御乳持女《おちもちおんな》、御抱守《おだきもり》、五人の足軽など計十五人。全員残らず神文《しんもん》（誓約書）を提出した。「吉十郎」の正体を漏らさない旨などを誓ったのだろう。このうち御乳持女はお乳をさしあげる女性。御抱守には讃岐国丸亀出身で生駒家浪人の村瀬小兵衛が選ばれた。三浦夫婦は道中交替で節公を懐に抱き、授乳のときだけ御乳持に渡した。

十二月十五日、一行は京都御幸町の借家に到着。翌年正月十一日、三浦の妻は御幸町で次男を出産した。彼女は江戸から京都まで身重の体だったのである。

承応二年（一六五三）四月、高松から来た使者が、節公の供をして高松に来るべしという英公の御意を伝えた。四月二十一日、京都出立。一行を乗せた船は、四月二十七日の昼頃、高松城から北に十キロメートルほど沖に位置する男木島《おぎじま》に着き、夜になって高松城に漕ぎ寄せた。父光圀に殺されかけた節公は、四ヶ月と二十日余りの忍び旅の末、無事伯父の居城に迎えられた。

英公（頼重）と光圀、さらには光圀の子まで。水戸徳川家は二代にわたって男子を水にしようとした。堕胎と間引き。それは同家に固有の悲劇なのか。それとも古くから広く行われていた慣行の一例に過ぎないのだろうか。

英公と節公の父子関係を見る前に、この問題を振り返ってみよう。すこし長い寄り道になるかもしれないが。

第三章　子流しと子殺し

◆日本で古くからあった堕胎と間引きの慣行

かつて日本では、生まれたばかりの赤子の命を人為的に絶つ間引《まび》きが盛んに行われていた。間引きは地方によって、モドシ、コガエシ、ブッカエシなどと呼ばれ、いずれも生まれた子を〝神に返す〟意味があったという。七歳（満五、六歳）未満はまだ人間ではないと見なされていて、その命を摘み取っても深刻な罪悪感には苛《さいな》まれなかった――。民俗学者はそう解説している。

とはいえ間引きの場面が、出産前に胎児を流す堕胎とは比べものにならないほど悲惨なものだったことに変わりはない。

日本民俗文化大系第十巻『家と女性』の第六章「女をめぐる明と暗の民俗」をひもといてみよう。著者の大藤ゆき・青柳まちこ両氏は、間引きの方法に圧殺・窒息死・餓死などがあったと述べ、『日本産育習俗資料集成』等に拠って、それぞれについて淡々と紹介している。

「圧殺は腰・尻・膝でふみつぶす、ひねりつぶす、槌《つち》でなぐる、臼の下に入れるなどである。時にはそれでもかろうじて死をまぬがれ成長したが、首や背骨が曲がってしまったという人もいるときく」

「窒息死は、生まれた子の鼻口にぬれ紙を貼りつける、赤児の顔を親の乳房に強く押しつける、口中にぼろ布などを押し込む、鼻穴にびんつけ油をつめる、顔を水につけるなどの方法で行った」

「奈良県では以前は窒息死が普通であったが、後にはより目立たない干し殺しの方法がとられるようになった。これは乳の分量を少なくして一か月くらいで餓死させるものである。この方法によって死んだ子は、死後口が開いているとのことである」

殺された子の死骸は、俵や藁苞《わらづと》に入れて川に流す所が多く、死骸はその後トビやカラス、キツネなどに喰われた。死骸の捨て場には、ほかに積み肥の下、縁の下、便所などがあり、岩穴に放置される地域も多かった。「特別の葬法や供養は行われなかった模様である」とも述べている。

本当はおそろしい日本民俗学。民俗の聞き書きだけではない。歴史資料の記述も負けず劣らず陰惨で生々しい。

磐城平《いわきたいら》藩の中老を務め『赤穂義人纂書《さんしょ》』の編者としても知られる鍋田《なべた》三善《さんぜん》（一七七八—一八五八）が著した磐城（現在の福島県東部と宮城県南部の一部）の地誌『磐城志《いわきし》』に、以下のような記述がある。同書の成立は文政《ぶんせい》年間（一八一八—三〇）。十九世紀前期の磐城地方の状況は、目も当てられないものだった。

「先《ま》づ胎子を産み落すや、夫婦諸《もろ》とも赤子をつかみ、藁糠《わらぬか》の類を口に推込《おし》み呼吸を止め、肛門を塞《ふさ》ぎ膝下に推し敷き、或は薦莚《こもむしろ》に裹《つつ》み臼磑《きゅうがい》など重き物をおしに置き、或は土中に埋め、或は絞め縊《くく》りなど種々様々の仕方にて害するなり、其残忍惨毒《さんどく》なること、誰か惻隠《そくいん》の心を動かさゞらんや」

続いて「幸《さいわい》に死にそこなひて活たるものも、首筋曲りよぢれて生れ得ぬかたわに成るなり、予《よ》が家の奴婢《ぬひ》などにもかゝるものありき」とも。両親に口と肛門を塞がれ押しつぶされ絶命した産児たち。万が一、生き残ったとしても、見るも痛ましい姿になってしまう。ウソではない、現に家の下男下女にそのような者がいたのだから、というのだ。

『磐城志』と同じ頃、文政十年（一八二七）に成立した佐藤信淵『経済要録』も、陸奥・出羽の両国（すなわち現在の東北地方）で毎年六万から七万の産児が「陰殺」されていると記している。

近代以降も民俗の暗部として生き続けた間引き慣行が始まったのは、江戸時代よりずっと前だった。『堕胎間引の研究』（一九三六年刊）の著者高橋梵仙《ぼんせん》は、『今昔物語』ほかから関連記事を引用し、わが国では古来堕胎と間引きが広く行われてきたと述べている。

◆宣教師たちを驚かせた日本の嬰児殺し

間引きや堕胎の風習は、遅くても十六世紀にはすっかり浸透していたらしい。布教のためわが国を訪れた欧州の宣教師たちが、その事実を驚きをもって本国に報告していた。

一五七九年から一六〇三年にかけて三度来日したイエズス会の司祭ヴァリニャーノもその一人。

ローマのイエズス会総長にあてた報告書『日本諸事要録』（一五八三年）の中で、日本人の子殺しについて、こう記している。

「日本人は、全世界でもっとも面目と名誉を重んずる国民であると思われる（中略）彼等は望みのままに、何ぴとに気兼ねすることもなく、家族や配下の者を殺すことができる（中略）誰しも自分の子供や家来を殺すことができるのである」（佐久間正訳）

ここで言う「日本人」は家来を抱える階層の家長的立場の者で日本人一般ではないが、それにしても。

わが子を簡単に殺してしまうのは父親だけではない。

「もっとも残忍で自然の秩序に反するのは、しばしば母親が子供を殺すことであり、流産させる為に、薬を腹中に呑みこんだり、あるいは生んだ後に（赤子の）首に足をのせて窒息させたりする」（同右）

いったいなにが原因なのか。ヴァリニャーノは、堕胎と間引きが広く行われるのは、貧困と育児の忌避そして僧侶が尼僧との性的関係を隠蔽《いんぺい》するためだと指摘する。堕落した仏教界が「この罪を考案し、それが一般に弘まったからである」。元凶は仏教界であると。

同じくイエズス会の宣教師として来日したルイス・フロイスも、一五八五年に加津佐《かづさ》（現在の長崎県南島原市）で著した書（『日欧文化比較』）でこの問題に注目している。

「ヨーロッパでは、生まれる児を堕胎することはあるにはあるが、滅多にない。日本ではきわめて普通のことで、二十回も堕した女性があるほどである」（岡田章雄訳）

「ヨーロッパでは嬰児が生まれてから殺されるということは滅多に、というよりほとんど全くない。日本の女性は、育てていくことができないと思うと、みんな喉《のど》の上に足をのせて殺してしまう」（同右）

もう一例。ドミニコ会士の神父コリャードが著し、一六三二年にローマ布教聖省から刊行された日本語の告解範例集『懺悔録《ざんげろく》』を取り上げたい。ここには堕胎と間引きの罪を懺悔する日本人女性の言葉が、当時の日常語で記されている。コリャードが日本で布教活動をしたのは、一六一九年から一六二二年（元和五年から八年）の間。女性の懺悔は当時の庶民の実態を反映したものだろう。

「我ら貧人至極でござれば、子六人を持ちまらした。それを育つる様もござらいで、懐胎になるまい為に、からくりも致しまらする。一度も懐妊になってから、薬を用ゐて、六月《むつき》の子を堕ろし、一度また産の時分に子を踏み殺いて、腹中から死んで生れたと申しまらしてござる」（原文はローマ字。大塚光信校注）

意訳すると。「私はとても貧乏で、子どもを六人産みました（貧乏人の子だくさん）。でも、とても育て上げられそうにありません。これ以上子どもが増えたら大変と、避妊の工夫（「からくり」）もしています。それでも妊娠したので、一度は堕胎薬を用いて流し、一度は生まれ落ちた子を踏み殺して、死産だったとウソをつきました」。

堕胎と間引きの蔓延《まんえん》に眉をひそめた宣教師たち。その一方で彼らは日本人の美点も評価している。たとえばヴァリニャーノは「人々はいずれも色白く、きわめて礼儀正しい。一般庶民や労働者でもその社会では驚歎すべき礼節をもって上品に育てられ、あたかも宮廷の使用人のように見受けられる。この点においては、東洋の他の諸民族のみならず、我等ヨーロッパ人よりも優れている」（佐久間正訳）と日本人に対する讃美を惜しまない。

これほど礼儀正しく思慮深い日本人が、なぜ事もなげに堕胎や間引きを行うのか。礼節と嬰児《えいじ》殺し。その落差の大きさに宣教師たちは驚愕したのである。

◆飢饉や貧しさに迫られて。いや、そうでなくても……

戦乱の世が去り泰平の世が訪れても、堕胎と間引きは繰り返された。とりわけ凶作、飢饉の年には各地で悲惨な例が報告された。

天明《てんめい》三年（一七八三）、冷害による凶作で未曾有《みぞう》の飢饉に見舞われた奥州八戸の商人恵比須屋善六から江戸の井筒屋三郎兵衛に届いた手紙にも、想像を絶する惨状が記されている。「御城下端に近在遠在之子共を悉《ことごと》く海川へ投込申候者数不知《かずしらず》」（『兎園《とえん》小説』）。飢餓という極限状況の下、口減らしのためわが子を川や海に投げ込む者があとを絶たないというのだ。

飢饉でなくても間引きは行われた。下手に訳すと正確に内容が伝わらない恐れもある。史料は原文に近いかたちで挙げさせていただこう。

「関東のならひ、貧民、子あまたあるものは、後に産せる子を殺す。是を間曳《まびき》といひならひて、敢《あえ》て惨《いたむ》ことをしらず」（『近世畸人伝』内藤平左衛門の項）

「陸奥より始《はじめ》て、常陸、下総《しもうさ》の間には、至貧の人の子産せたるを字養《じよう》すること不能《あたわず》ば、父母自ら我児を殺す。是を押返《おしかえし》とも間引《まびく》とも称す」（『仙台間語』）

「常野奥州の間に子間引といへる悪風俗あり、貧民多子の養育にくるしみ、ほどよく生育して、其余《そのよ》は皆生れなからこれを殺すなり」（『徳潤遺事』）

などなど。ほかにも東北地方や北関東で間引きが盛んだった事実を伝える記述はすくなくない。間曳、押返、間引。どれも貧に追い詰められ泣く泣くわが子を殺したのだろうか。

興味深いことに、間引きに注目した識者たちは、間引きをするのは貧者にかぎらないと指摘している。伴蒿蹊《ばんこうけい》（一七三三—一八〇六）は「飢えと寒さに迫られていない者でも周囲に倣って間引きをする」（『近世畸人伝』意訳）と述べ、林笠翁《りゅうおう》（一七〇〇—六七）林子平《しへい》の父）も「不至貧者も我子を害し」（貧窮に陥っていない者も、わが子を殺す）と書いている（『仙台間語』）。

それほど貧しくないのになぜ。林によれば、ひとつは子を殺して余った乳で他人の子を養育するため。養育費を手に入れようとわが子を殺す者が多いのだという（「吾児をば殺し、其乳を以て取金銭《きんせんをとり》て他の児を育《そだて》る者多し」）。林がそんな連中を残酷非道と糾弾したのは言うまでもない。ところが貧者でなく残酷非道でもないのに、わが子を間引きする親もいた。林は驚くべき話を紹介している。

「近日、或農人の生せたる児を手自《てずからみずから》縊《くびり》て、今度の児は育てたく思《おもい》しが、あのなりでも育るかと、あたり隣で云《いわ》れんと思ひ、義理に成て殺《ころし》たりと云しと聞く。我児、手自殺を義《ぎ》と覚《おぼえ》た人の有《ある》は、悪習の長じたる也」

意訳すると。「ある百姓の男が、生まれたばかりのわが子を、みずからの手で絞め殺した。のちに男は、今度の子は育てたいと思っていたが、あんな暮らしぶりで子を育てるのかと村の者たちに言われるのが嫌で、義理になって殺してしまったと語ったという。わが子を絞め殺すのが義と思っていたとは。間引きの悪習はこれほどまで浸透しているのだ」。

村人たちへの体面（「義理」）で、育てるつもりだった子を絞め殺したというのである。育てれば育てられる子でも、村人の顔をうかがって間引くのがこの村の慣わしだった。貧とは言えないまでも、さほど豊かでない暮らしぶりの者が間引きをせずに幾人もの子を育てるのは分不相応とされていたらしい。そんな村の常識に逆らえず、男はわが子を絞め殺さざるをえなかったのだろう。あるいは村の子どもの数が一定数を超えないように産児調整が行われていたのかもしれない。

◆武士の家でも行われた子流しと子殺し

武士の世界ではどうだったか。水戸藩士西野正府の『享保日記《きょうほう》』に、享保十二年（一七二七）の間引き禁止の触書《ふれがき》が記されている。触書は藩主の直筆で記された。当時、間引きが藩にとって重大な問題となっていた様子がうかがえる。

と同時に、触書に「郷中、町中共に子をまびくと申儀有之様《もうすぎこれあるよう》に候、間々には諸士之内にも有之様に略相聞《あいきこえ》候」とあるのに注目したい。村人と町人だけでなく、藩士（「諸士」）の家でも、時々ではあるが間引きが行われているというのだ。藩士ですらそうだとすれば、より下級の武士の間では堕胎や間引きが頻繁に見られたのだろう。

これより百四十三年前、天正《てんしょう》十二年（一五八四）に伊達政宗は家臣の片倉小十郎景綱《かげつな》に次のような書状を出している。

彼むまれ（生まれ）子の事、ぜひなくおしかへし候べく候由、きゝおよび候、さりとては身の心ざしにたすけ給候べく候、すへの事をおぼつかなくおもひ候て、其方のとかくをいゝ候も、いかゞにて候、たゞ〳〵みにまかせ候べく候、これをおしころし候はゞ、其方へうらみをふかく申候べく候間、ひらに〳〵たすけ給候べく候、かしく
尚々《なおなお》しきりにおしかへし候べく候由承《うけたまわり》候間、いそぎふみにて申候、ともかくも人はこ（子）にて候間、かくいけんを申候、かへす〳〵みに相まかせ候べく候

片倉景綱は、子どもが誕生する前から、この子が生まれたら必ず殺すと友人に語っていた（「未《いまだ》誕生以前、景綱常に友人に語ていへり、此子を産まば必殺さんと言ふ」）。それを伝え聞いた伊達政宗が景綱に送ったのが右の書状である。

政宗は、なにがなんでも産児を殺す（「ぜひなくおしかえし」）と宣言した景綱に対して、私の願

いをいれて、生まれた子を殺さないでくれと訴えた。それでも殺すなら貴殿を深く恨むとも。追伸（「尚々」）では、子を殺す意志が固いと聞いたので急いで手紙をしたためた旨を述べ、くれぐれも思い止まるよう繰り返している。

なぜ景綱は生まれてくるわが子を殺そうとしたのか。景綱が懐妊を知ったとき、政宗は伊達家の家督を相続したばかりで、まだ嫡子がなかった。景綱は、主君に先んじて嫡子をもうけては面目ないと思い、わが子を誕生と同時に殺害しようとしたのだという。

はたしてその通りだったとすれば、武士の世界では同様の理由による子殺し（間引きや堕胎）が慣例化していた可能性がある。徳川頼房が長男の頼重（英公）を水にしようとした理由が、兄たちに嫡子がいなかったからとされたのも、当たっているかどうかは別にして、うなずけるのである。

天正十二年十二月二十五日、景綱に男子誕生。たくましく育ちあがり重綱《しげつな》（のち重長《しげなが》）と名づけられた男子は、大坂の陣で政宗に従って武勲をたて、万治《まんじ》二年（一六五九）に七十六歳で没した。美貌の持ち主として知られ、政宗と衆道の契りを結んだとも。政宗に命を救われた片倉重綱は、武将としても男色の相手としても、主君の恩に報いたのである。

武士の家の子殺しを未然に防いだのは伊達政宗だけではない。

旗本大河内《おおこうち》久綱《ひさつな》（一五七〇―一六四六）の子殺しを防いだのは、久綱の孫（かつ養子）重綱の乳母、丹後《たんご》だった。天野長重の雑録『思忠志集』にその経緯が詳しく記されている。

久綱は「よし」という女性に手をつけ、懐妊させた。ところが息子の信綱《のぶつな》（のちに松平正綱《まさつな》の養子になり、老中となった松平信綱）の批判を恐れた久綱は、もし自分の不在中に出産したら、生まれた子を殺すようにと命じて（「留守に生れ候はゞころし候へ」）、忍《おし》領へ向かった。

久綱の留守中、「よし」は男子を出産。産児は当然のように殺されることになり、雨の中、一組の男女が裏口から運び出そうとした。それを目撃した丹後は、事情を察して彼らを止め、重綱にこのことを告げた。みずから乳を与えただけに遠慮なくものが言えたのだろう。

母が誰であれ、生まれたのはまぎれもなく久綱の実子である。事情を聞かなければ知らぬふりもできるが、聞いたからには止めざるをえない（「聞て之《の》以後、何とて殺べき哉《や》」）。重綱は明日まで殺すのを待つよう命じて、忍へ向けて夜通し馬をはしらせた。

男子の命を乞う重綱に、久綱は「仕方ない。生まれた子はお前にやるから、これ以上とやかく言うな」と述べ、自分の子であることを表向きにしないという条件で、男子を重綱に預けたのだった。

あくまで臆測だが、自分が生ませたと知れば信綱が「お元気なのは結構ですが、それにしても女にだらしなさ過ぎるのでは」と咎めるに違いない。久綱はそれを嫌ったのだろう。

丹後と重綱の尽力で命拾いした子は、その後松平忠利《ただとし》の養子になり、松平忠勝《ただかつ》と称した。延宝《えんぽう》六年（一六七八）に家を継ぎ、旗本として定火消《じょうびけし》や持筒頭《もちづつがしら》を務めたのち、享保三年（一七一八）に八十歳で没している。没年齢が正しいとすれば、誕生は寛永十六年（一六三九）。同年、久綱は七十歳である。老いの恥掻き子。信綱ほかの目を気にしたとしても不思議はない。

武士の家の間引きと言えば、婦人運動家として知られる山川菊栄《きくえ》（一八九〇―一九八〇）の著書『覚書　幕末の水戸藩』（一九七四年刊）にも触れなければならない。子どもの頃から耳にしてきた母の思い出話や古老の談を集めた史料的価値の高い書物である。

菊栄の母方の祖父の青山延寿《のぶひさ》は、儒者で水戸藩士。その兄の延光《のぶみつ》は、『大日本史』の校訂を行ったことで知られている。菊栄が武士の子殺しとして挙げたのは、青山延光の後妻の話だ。いささか長くなるが、要約や意訳はしないで原文のままご紹介したい。

水戸では江戸中期から農民の間の堕胎間引きの防止策がとりあげられたが、武士の間にもそういう習わしがあったかどうか分らない。しかし幕末近く、青山延光の後妻で「尼将軍」というあだ名で通った、至ってぬけめのない婦人が、手伝いの老女に向って、「私も子供ができないわけではない、おなかにもったことはあるのだが、この家にはもう先妻の生んだ跡とり息子のあることだから、もし男の子がも一人できると面倒だろうと思って家のために流したのだよ」といったという。

先妻の子と相続問題でいざこざが生じないように、孕んだ子を流したというのである。そんな後妻の言葉を受けて、菊栄は当時の様子を次のように推測している。

もし子を流すということが明治以後のように犯罪となる時代なら、本人もそんなことを軽々しく口にはせず、聞いた女たちは恐れて顔色をかえ、びくびくし話のたねになぞする勇気はなかったろう。従って武家の女性の間にも、農家の場合ほど広くはなくても、必要に応じて行われたものと推察してよさそうに思う。

後日、菊栄は土佐藩士の家では、次男までは相続人の予備として育てるが、三男以下は間引くと書いた文献を目にし、事実かどうか土佐藩士の子として生まれた馬場孤蝶《こちょう》（一八六九—一九四〇）に直接聞いたところ……。孤蝶から「事実その通りです。私は明治三年の生れだったので、危く助かりましたが、三男のことで、も少し早ければやられる所でした」という答えが返ってきたという。水戸藩だけでなく、他藩の武士の家でも堕胎や間引きが慣習化していたようだ。

◆徳川将軍家の場合—保科正之の誕生とその後

藩士や幕臣（旗本）の間でも見られた子流しと子殺し。そう聞いても驚いてはいけない。幕臣と藩士どころか武家の頂点に位置する徳川将軍家でも堕胎や間引きが行われていた。

慶長《けいちょう》十六年（一六一一）五月七日、神田白銀町《しろがねちょう》の竹村助兵衛宅の奥の間で、男子が誕生した。

のちに幸松《ゆきまつ》と命名されるこの子の出生は、しかし深く秘められなければならなかった。父の妻の手で亡き者にされる恐れがあったからである。

父は二代将軍徳川秀忠。その妻（御台様《みだいさま》）は、織田信長の妹市《いち》と浅井長政《ながまさ》の間に生まれた三姉妹のひとり、江《ごう》（江与、小督とも。崇源院）にほかならない。この年、秀忠は三十三歳。江は六歳上の三十九歳。江は七年前にのちに三代将軍となる家光を、五年前に忠長《ただなが》を出産していた。

もちろん彼女は幸松の生母ではない。生母は、秀忠のおうば殿（乳母）に仕えた静《しず》（お静の方、浄光院）という女性。静は小田原北条氏の旧臣、神尾伊予の女《むすめ》だった。

静が懐妊したきっかけを振り返ってみよう。よくある話だが、ある日、静は、おうば殿の部屋を訪れた秀忠の目にとまり、その流れで将軍の種を宿したという。

話が複雑になるが、慶長十六年生まれの幸松はこのとき宿した子ではない。懐妊の事実が御台様の耳に入れば、嫉妬深い御台様のこと、母子ばかりか親族・一門にまでどのようなわざわいが降りかかるか計り知れない。ただちに親族会議が開かれ、おそれ多いことではあるが孕んだ子は流し、静は二度と御城に上がらせないよう申し合わされた。

以上は『千年の松《ちとせのまつ》』（一八二八年成立）から、名君の誉れ高い会津藩主保科正之《ほしなまさゆき》（一六一一—七二）の誕生にまつわる秘話の発端である。念のため「堕ろさせろ、将軍に二度と近づけるな」と申し合わせたくだりの原文を挙げておこう。

「御台《みだい》崇源院殿之御事へ洩聞候《もれきこえ》ては一家一門いかなるうきめに逢ひ可申《もうすべき》も難計《はかりがたし》　然《しか》れば大事にもと諸親類打寄《うちより》相談いたし　勿体《もったい》なくも水となし奉り　重《かさね》て御城へ上り候事は無用に可仕《つかまつるべし》と申合《もうしあわせ》」

堕胎後、静は兄の神尾嘉右衛門のもとに幽閉されていたが、おうば殿から速やかに御城に戻すよう催促があり、妹の身を隠しきれなくなった神尾は、やむなく静を御城に上げた。すると、恐れていた通り再び秀忠の寵愛を受けて、静はほどなく懐妊。臨月が近づき宿へ下がった。

またしても親族会議が開かれ、今回も御台様の報復を恐れるあまり、堕ろさせるしかない（「今度もまた水になし可申歟《もうすべきか》」）と相談がまとまりかけたところ、静の弟の神尾才兵衛が異を唱えた。

「おのおの方、いくらわが身が可愛いからといって、まぎれもない将軍の御子様を二度まで堕ろさせるとは、天罰が恐ろしくないのですか。御台様のお咎めを受けて一家一門残らず磔《はりつけ》になったとしても、それは仕方のないこと。御子様を立派に育ててあげましょう。それこそ天道にかなった決断です」

姉婿《あねむこ》の竹村助兵衛がこれに賛同し、静を神田白銀町の自宅に引き取った。やがて親類一同も同意。竹村は奥の間に「御産所」を設けて出産のときを待った。静の居場所が秘められたのは言うまでもない。

秘密とはいえ、竹村は老中土井大炊頭《おおいのかみ》利勝《としかつ》への報告は怠らなかった。静に出産させると聞いて、土井は「尤成《もっともなる》計ひ」（妥当なはからいである）とうなずいたという。

そして慶長十六年五月七日。出産は夜四つ（午後十時）だったが、竹村は即座に町奉行の米津《よねきつ》勘兵衛に安産の旨を報せ、米津は土井に報告した。翌日、土井が登城して秀忠に申し上げると、秀忠は自身の子と認め（「御覚有之由之上意にて《おおぼえこれあるよし》」）、御紋付きの御召し物を土井に渡し、祝いの品とするように仰せられ、誕生した男子は幸松と命名された。

米津は竹村に無事お育てするよう申し含め（「穏便に御養育可仕《つかまつるべし》」）、土井からは、今後幸松に関する御用は米津に申し上げるよう指示があった。幸松は竹村の妻の乳ですくすく育った。翌年五月には節句の幟《のぼり》を立てたが、幟には葵の紋が染められていたという。竹村も静も、もう御台様によって幸松の命が奪われる危険はなくなったと、警戒心がゆるみ始めていた。

ところが幸松が三歳になった慶長十八年、御台様が将軍の子を身ごもった者の所在調査を命じたという情報が、静の耳に入った。このままでは幸松の身があぶない。心を痛めた静は、夜中忍び出ておうば殿を訪ね、不安な心中を語った。不安は土井にも伝えられ、土井は幸松の身を、武田信玄の女《むすめ》で穴山梅雪《あなやまばいせつ》の後室《こうしつ》（未亡人）である見性院《けんしょういん》に預けることを決断する。

三月朔日《ついたち》、見性院の住まいを訪れた土井は、幸松を貴女の養子にしていただきたいと来訪の目的を告げた。見性院は「私のような尼には似つかわしくない重責ですが、将軍の上意とあれば、お受けしないわけにはまいりません。私も信玄の女、幸松様の身の安全はお気遣いなく」と快諾。翌日、静と幸松は見性院のもとへ移った。御台から避難したのである。

幸松が見性院のもとに隠れ住んでいるという噂が、御台にも伝わったのだろうか。その後、御台付きの女中が見性院を訪ね、「面倒な人を預かりましたね」（「よしなき御預り人をなされ候」）と探りを入れた。すると見性院は「預かったのではなく、養子に授かったのです」と答え、さらに「ですから御台様がどのような無理をおっしゃろうと、わが子はけっして手放しません」と断言したという。『千年の松』の原文は「御台様より如何様之《いかようの》御難事候とても、一たび見性院が子にいたしたる人之事に候へば、はなし申事とてはおもひも不申《もうさず》」。かくして幸松の命は守られた。

それから四年、七歳になった幸松は見性院の願いで信濃国高遠《たかとお》藩主保科正光《まさみつ》の養子となり、寛永八年（一六三一）、二十一歳で襲封。その後、出羽国山形藩主を経て、寛永二十年（一六四三）に陸奥国会津藩主となった。名君保科正之の誕生である。

将軍秀忠の実の子でありながら、堕胎や子殺しの危機に晒された保科正之。会津藩認定の評伝『千年の松』によれば、彼を亡き者にしようとしたのは、秀忠の妻（御台）の崇源院だった。女の嫉妬と言い切れるほど事は単純ではない。異母兄弟の誕生は、みずからの腹を痛めた嫡男にとって、将来不利にはたらくかもしれない。そんな淡い不安が嫉妬の情と混じり合い、増殖したのであろう。

将軍の子すら、場合によっては堕胎間引きをまぬがれなかった（事実、静の初めの子は水にされた）。だとすれば、水戸徳川家の二代にわたる〝子殺し〟は、それほど異例のことではなかったのかもしれない。

◆堕胎は〝子殺し〟か

鍋田三善は『磐城志』にこう記している。「又《また》胎内の子を薬を用《もちい》て破り殺すもあり、是又生して殺すも何んぞ異ならんや、人の人たるものゝすまじきこと也」。堕胎薬を用いて胎児を流すのも、誕生後に間引くのも、殺すことに変わりはない。どちらも子殺し、非人道的なふるまいだ、というのである。

高橋梵仙『堕胎間引の研究』に引用された天保《てんぽう》十一年（一八四〇）の下総国《しもうさのくに》佐倉藩「中渡《もうしわたし》」でも、堕胎と間引きは「殺し」にほかならず、極悪人のしわざであると糾弾している（「懐妊之内ころし、又はらみおとし候上にて殺し候ものは無此上《このうえなき》悪人にて、下手人《げしゅにん》同様に付」）。

同書によれば、江戸後期から幕末にかけて、幕府や諸藩が堕胎や間引きを厳しく取り締まるようになるのは、第一に人口の増加による租税の増収をはかったからで、人道的な教戒は二次的なものにすぎなかったという。殺しと呼び、犯罪に等しい悪習と見なしたのも、堕胎間引き撲滅キャンペーンの一環にほかならなかった。

生まれおちた子を人為的に殺害する間引きはともかく、貧窮や産児制度（調節）などさまざまな理由で行われた堕胎が子殺しであるかどうかは微妙な問題だ。しかしすくなくとも本書で取り上げたそれは、母体の保護を目的にしたものではなく、産婦が強く望んだものでもない。子返しでも子流しでもなく、あえて〝子殺し〟の語を用いたゆえんである。たとえ胎児や生まれたばかりの子（産児）はまだ〝人間〟と見なされていなかったという民俗学の指摘に耳を傾けるとしても。

第四章

傍若無人な父、頼重（英公）
復讐する息子、頼常（節公）

◆英公と節公、どちらも名君だった

英公（松平頼重）と節公（同頼常）の関係を述べる前に、藩主としてのそれぞれの事績に触れておきたい。養父と養子、伯父と甥である前に、藩主（為政者）としてどのような人だったか見ておきたいからである。

英公は、入封後、高松城の城壁の修理や天守の改造を行ったが、これは彼にとって特段の功績とは言えない。事績としてまず挙げるべきは、治水と利水事業である（津森明「高松藩祖松平頼重とその政治」高松市立図書館編『高松城主とその時代背景』所収）。

正保《しょうほう》元年（一六四四）、市街の拡張や干害の影響で飲料水が不足していた城下の上水事情を改善するため、英公は城下の南はずれにある辻丸井の湧水を水源とする水道を敷設した。それは地下に埋めた土管・木樋・竹樋等の配水管で侍屋敷や町方に配水する本格的な水道で、同様の上水道である江戸の玉川上水より、九年も早い試みだった。

讃岐国はその地形と天候から雨量が乏しくたびたび干害に見舞われた。水不足は城下の飲料水供給ばかりでなく領内の農業生産に深刻な打撃を与えていた。とりわけ英公が藩主になってからは旱魃《かんばつ》続きで、凶作による餓死者が続出。讃岐国の全人口の一割が失われた。

英公は農業用水を確保するため、大小の溜池《ためいけ》を築造した。英公が新たに掘らせた池は四百六所で、以前からあった池とあわせて千三百数十所になったという。あわせて高松城下東部の沿岸などを埋め立て、新田を開発した。

大規模な普請と開発。その一方で、前の領主生《い》駒《こま》家の時代に、埋め立てによって屋《や》島《しま》が陸続きになったのを惜しんで、これを復旧した。陸続きになる前、そこは満潮時に満ちた潮が干潮時に東西に引く〝相引《あいび》き〟と呼ばれる旧跡だった。英公はこれを昔の姿に戻し、相引川と名づけた。開発だけでなく、名勝旧跡の保存にも意を注いだのである。

寺社の再興と保護にも積極的だった。松平家の菩提寺として仏生山法然寺を建立したことはすでに述べた。金毘羅《こんぴら》大権現に大門・阿弥陀堂・経堂・木馬舎など諸堂を寄進。英公は「金毘羅大権現中興の祖ともいえる」（津森）。このほか白鳥《しろとり》宮（現・東かがわ市）を再興し、高松城下の産土《うぶすな》神《がみ》である石清《いわせ》尾《お》八幡宮の本殿、末社を造営。英公によって寄進された寺は四十以上にのぼった。

英公は文武両道に長けていたことでも知られる。幼少時から文筆の才があり、折にふれて詠んだ歌は千数百首。歌集に『麓塵集』がある。明暦《めいれき》二年（一六五六）、後《ご》西《さい》天皇即位に将軍名代《みょうだい》として上洛した際に後《ご》水尾《みずのお》上皇に拝謁した英公は、以後、上皇と歌を通じて交流を深め、歌の添削を受けるまでになった。英公の影響で「高松の文化は向上した」（津森）という。

武芸も際だっていた。剣術は一刀流、鎗は宝蔵院《ほうぞういん》流、鉄炮は外記《げき》流を学び、それぞれ奥義を極めたばかりか、自身の工夫を加えて新たな流儀を立てた。以後、歴代藩主や藩士は英公の流儀を修行して武術を磨いた。父威《い》公《こう》（頼房）のしつけもあって、武術の修得や藩士の武術教育に心を砕いた。とりわけ炮術の伝習に熱心で、家中の者数十人に家業として秘技を習得させ、軍備の第一とした（『増補高松藩記』所引『英公事蹟』）。

京都の陶工森島作兵衛を召し抱え、高松で陶器を製造させたのも英公である。作兵衛は紀太理《きたり》兵衛《へえ》と改名し、その作品はのちに理兵衛焼《りへえやき》と呼ばれるようになる。英公は高松の工芸文化の発展にも寄与したのである。

以上、『高松藩祖　松平頼重伝』等で英公の事績をざっと振り返ってみた。文武と教養、治績とも申し分なし。残虐な行為を好んだという悪評もなければ、女色男色に溺れたり、奢侈《しゃし》放埒に耽ったりした事実もない。あえて難を挙げれば、寺社の造営や寄進ほかで多額の借財を抱えたことだろう。まずは名君だったと言える。


節公はどのような藩主だったか。『節公事蹟』（『増補高松藩記』所引）で振り返ってみよう。

英公は寛文十三年（一六七三）に隠居してからも、高松に住み藩政に目を光らせた。このため節公が実質的に藩政の楫取《かじと》りをするようになったのは、元禄八年（一六九五）に英公が没してからである。直面した最大の難題は、英公の時代の膨大な支出によって窮乏化した藩財政の立て直しだった。

節公は徹底的した倹約（「非常之御倹約」）を断行。財務に通じた勘定奉行に、藩の各役所ばかりか藩主の「御手元《おてもと》」（生活費等）にまで立ち入って吟味する権限を与えた。幕府や大名諸家との交際費など不可欠な支出以外は可能な限り切り詰め、みずからも率先して日々節約に努めた。その結果、藩財政は持ち直し、借銀を返済したうえ相当の貯金まで蓄えるに至った。

特筆すべきは、これほどの倹約を行いながら、凶作の際は金穀を施行し、餓死者を出さなかったこと。御救米《おすくいまい》の頂戴を恥じて受け取ろうとしない領民がいると聞くと、財政難にもかかわらず、栗林《りつりん》山荘の庭(現在の栗林公園)の造営を貧民救済の公共事業として行った。老若男女の別なく貧窮する人々を日雇いとして集め、池や築山を造らせ、日々賃米を給したのだ。日雇いは数万人にのぼり、おかげで餓死者を出さずに済んだという。

庭園造営には別の効果もあった。庭園に新たに設けられた泉水(池)の水が、近隣数ヶ村の用水として活用されたのである。『節公事蹟』は「栗林近傍数ヶ村の田に灑《そそ》ぎ候て民間の大益と相成、全く公の賜《たまもの》と永く感戴《かんたい》仕候《つかまつり》」と節公を讃えている。

財政破綻の難局を見事に切り抜けた節公の指導力は、それだけでも名君の称に値する。

元禄年間に成立したとされる『土芥寇讎記《どかいこうしゅうき》』は諸大名の品行や能力を忌憚《きたん》なく評した書だが、節公についてこう記している。

「頼常文武両道をさのみ不学《まなばず》。去れども生得発明にして、心意正く、行跡静にして、将の威備《そなわ》り、聊《いささか》悪事なし。文学なしとは云へども、光国卿の御子なれば、曽《かつ》て無学と云《いう》には非《あら》ず。武芸を好み、又猿楽を翫《もてあそ》ばる」

口の悪い同書としては、絶賛に等しい評価だ。無学ではないが文学がないという評は、学問（儒学）の知識はそこそこで、さほど深くはないという意味だろう。文武両道の習得に熱心ではないが、武芸は好きだとも評している。総じて一芸に集中するタイプではないというのだ。後述するように、節公は見かけに似合わず武術に長けていた。剣術の腕前は英公より上だったかもしれない。

英公がなにかと自己顕示欲が強かったのに対して、節公は自身の生い立ちや養子に迎えられた経緯もあって、自己をあまり主張しなかった。とはいえ、英公も節公も名君だったことに変わりはない。

名君と名君。しかしふたりの間には、終生埋められることのない溝が横たわっていた。

◆互いに何が不満だったのか

節公が藩主になってからも、隠居の英公が万事指示し、節公はさながら部屋住みの身。『盛衰記』によれば、何とはなしにふたりの間はしっくりいかなくなった（「何となく次第〳〵に御間柄悪《あ》敷《しく》成りし」）。

いつのことだったか、節公の船が江戸から着船したときも、夜五つ時（午後八時）に下船と聞いて、英公はとたんに機嫌が悪くなった。高松藩では藩主が国許《くにもと》に下船するとき、在郷の者たちが船着き場に参上するのが例になっていた。しかるに人々がまだ揃っていない夜分に下船するとは。

機嫌を損じた英公は節公との対面を拒み、節公が日参しても怒りは解けず、八月になってようやく対面を許されたという。

このように、公は何かにつけて節公を困らせた（「かく何ぞに付《つけ》て節公を御いぢり被遊候《あそばされ》」）。しかし節公の方も黙って堪えていたわけではない。それどころか、ある日、節公は驚くべき行動に出た。

やはり江戸から帰国した折だろうか。船を屋島に停泊させた節公は、使者を派遣して藩主の座を退きたい（「御退身《たいしん》被遊候」）と英公に申し上げた。家督は（御隠居様の）男子のうちどなたかに継がせてください。私はこれから直ちに高野山へ向い出家します、と。

さすがの英公も動顚《どうてん》した。英公は近臣の小泉八左衛門を節公のもとに遣わし、今後は諸事に口を出さない旨を伝えた。節公がどこに不満を抱いているか、よくわかっていたのだ。それでも節公は、引退して水戸に帰りたいと頑なに主張した。

ここまでこじれてしまったら、英公といえども為す術《すべ》がない。窮地に立った英公ひいては高松藩を救ったのは、小泉八左衛門である。

小泉は覚悟を固めて、玄関で節公を待ち受け、節公が通るとその足にしがみついて、こう訴えた。「親様（英公）があれほどおっしゃるのに御承引《ごしょういん》ないとは。もはや御家もこれまで。どうしても引退なされるというなら、拙者を手討ちにしてから……」。決死の形相に気味悪さを覚えたのか、節公はしぶしぶ藩主引退をあきらめた。小泉から朗報を伝えられた英公は、たいそう喜んで「万歳」と叫んだとか（「万才と唱《となえ》中候」）。

しかしこれを機に父子の間が目に見えて良くなったわけではない。英公はさすがに難題を言わなくなったが、小さな諍《いさか》いが止むことはなかった。「御父子様御間《おあいだ》に御喰違《おくいちがい》有之候」。ふたりが心から相和すことはなかった。

ふたりはそれぞれどのような不満を抱いていたのだろうか。『盛衰記』は、英公の気持ち（「英公思召《おぼしめし》」）をこう記している。

頼常（節公）は、光圀の命で水にされるところを、私の尽力で無事誕生できたばかりか、私が世嗣《よつぎ》として養子に迎えたのである。すべて私のお蔭だ。だから私に対して実の父親以上の恩を感じていなければならない。しかるにしばしば気に入らない言動があるのは、不届だ。

私の尽力、私のお蔭、私、私……。これほどの恩があるにもかかわらず、反抗的なそぶりを見せるのが不愉快だというのである。

ならば、節公の気持ち（「節公思召」）はどうだったか。

自分は光圀の長男で、本来ならば水戸徳川家を嗣ぐべき身だ。しかるに英公は長男の綱方《つなかた》を水戸家の養子とし、私を高松に呼び寄せ自身の世嗣にしてしまった。その後、綱方が病没。当然私を水戸へ戻して水戸家の跡継ぎとすべきなのに、そうはならず、英公のもう一人の男子(次男綱条《つなえだ》)が跡継ぎとなった。あんまりな仕打ち(「余り之義」)ではないか。

英公の尽力がなければ、節公は産まれ落ちると同時に殺されてしまっていただろう。その意味で英公は命の恩人であり、ふたりの言い分を較べれば、英公に分がある。とはいえ実の父(光圀)に殺されかけた心の傷や、伯父からなにかと恩を着せられる負担の大きさを思えば、節公の不満もまた理解できる。

◆御隠居英公の、あまりに不遜で気ままなふるまい

それだけではない。藩主となってからは、英公の公儀に対する尊大で気ままなふるまいも、癪《しゃく》の種となった。将軍や幕閣の心証を害せば、そのツケは老公(英公)ではなく、藩主である自分が払わなければならないからだ。

御隠居英公の気ままなふるまい? 小神野は次のような例を挙げている。

隠居後のことである。英公は(四代)将軍家綱《いえつな》に拝謁する機会があり、登城して家綱の出御《しゅつぎょ》を待っていた。ところが家綱は時刻に遅れてなかなか現れない。すると、どういうつもりか

英公は座を立って雪隠《せっちん》（トイレ）に入ってしまった。まもなく家綱が現れたが、英公の姿がない。疝気《せんき》の病が発したと称して雪隠から戻らない英公を、家綱はよほどの間待ったが、ついにしびれを切らして奥へ入られた。さて家綱がいなくなってから戻って来た英公は、「ああ、これで拝謁せずに済んだわい」とうそぶいたとか（「御目見迯《のがれ》候由申候」）。英公は疝気にこと寄せて将軍に拝謁せず、高松へ帰った。

英公の態度は、豪放というより傍若無人という言葉がふさわしい。相手が将軍であることを考えれば、常軌を逸したありえない非礼だ。その胸中を忖度すれば……。自分は、先代将軍家光（家綱の父）と湯殿で「ゆびきりかまきり」と誓い合うほど懇《ねんご》ろだったという驕《おご》りがあり、ひいては家綱を軽んじる気持ちがあったのかもしれない。

家綱や幕閣がこのような態度を好ましいと感じたはずはない。小神野は「右様之事故、何となく節公、公儀《こうぎ》向御《むきご》不首尾《ふしゅび》に成候」と記している。幕府との関係にことさら水をさすような英公の言動に、節公はイライラを募らせていたらしい。

それでも英公の不遜な態度は変わらなかった。

五代将軍綱吉《つなよし》は、元禄三年（一六九〇）から六年にかけて、四書（大学・中庸・論語・孟子）の講義を行った。テキストは中国宋代の大儒朱熹《しゅき》の注釈書に幕府の儒官林家が点を加えたもので、巾《きん》箱本《そうぼん》と呼ばれる小型本が用いられた。

持ち運びに便利な巾箱本が特別に用意されたのは、将軍の特別講義を受講したのが大名や旗本だったからである。受講者の中には高松藩主松平讃岐守頼常の姿もあった。節公はとりわけ熱心な受講者だったのか、綱吉から「真徳」と書かれた御筆（直筆の書）を頂戴した。

綱吉の寵臣柳沢吉保《やなぎさわよしやす》に接近して幕府との関係改善に努めていた節公にとって、綱吉の御筆が宝物に匹敵する物だったのは言うまでもない。綱吉生存中、節公は御筆を行列の先頭に持たせて往来し、沿道の人々はみな御筆に平伏したという（「道中惣下座《そうげざ》」）。

大いなるかな将軍の御威光。御筆と共に初めて国許に帰ったときは、高松城の鶴之間上段の床にこれを掛け、重役たちに拝見させた。当然英公も拝見に訪れたが、そのふるまいに一座は凍りついたと『盛衰記』は記している。

節公の案内で杖を突きながら上段に上がった英公は、立ったまま御筆をご覧になった。「将軍は書をよくなさる」と褒め、「この所などはよく書けている」と、手にしていた杖の先でお示しになった（「御杖にて御差《さし》被遊候」）。英公の「御威勢」に、その場にいた人々は驚愕した。

驚愕したといっても、節公や高松藩の重臣たちが、英公の豪放なふるまいに拍手喝采したわけではない。将軍直筆の書を（たとえ足が不自由で正座が困難だったとしても）、立ちながら拝見し、あろうことか杖の先を近づけた非礼に口がふさがらなかったのだろう。

『小神野夜話』では、同じ場面で、英公が綱吉の能書《のうしょ》を褒めたのち、杖で御筆を「御えどり被遊候由」となっている。「えどる」（絵取）は書画を上からなぞる意。事実だとすれば、英公は御筆を杖の先でなぞったことになる。手元が狂えば御筆を傷つけてしまうかも。万一この事実が幕府に洩れたとしたら……。節公の背筋は寒くなり、腸《はらわた》は煮えくりかえったのではないだろうか。

幕府に対してとかく虚勢を張りたがる英公だったが、国許にいた節公に幕府から御召《おめし》を伝える奉書（江戸に参上せよという命令）が届いたときは、手の裏を返したように弱気になってしまった。幕府は節公を流罪にして所領を没収しようとしている。すべては私の心得違いが原因だ——。英公は節公の出船を見送りながら落涙《らくるい》した。しかしこれは勘違い。のちに流罪《るざい》でも所領没収でもなく、日光代参を仰せ付けるためと知って、胸をなでおろしたという。

面白い話だが事実とは言えない。『盛衰記』はこれは元禄十三年（一七〇〇）のこととしているが、英公は五年前の元禄八年に没している。ありえない（書き写す際に誤写したのかも）。ただ幕府との関係をめぐる英公と節公のしっくりいかない間柄を示す逸話として語り継がれてきたのだとすれば貴重な伝承だ。史実にあらざる史実と言える。

◆英公の独断決定と、節公の報復

節公にとっては、英公が隠居後も藩政に容喙《ようかい》（口出し）するだけでなく、六万石（藩の石高の半分）の隠居料を得ていたのも、口にこそ出さないが、不満だったに違いない。あれやこれや。繰り返しになるが、ふたりの溝は容易に埋めようがなかった。それは「御一生之内御和談は無之《これなき》由」という一文に集約されている。

元禄六年(一六九三)、英公は高松郊外の隠居屋敷に二度に分けて家中の者を召し、訓示を垂れた。その内容の詳細が「大殿様御意之趣《おもむき》覚書」に記録されている(『香川県立文書館紀要』第十二号〈史料紹介〉)。

一度目は四月二十六日。英公は、鶴を入手したので料理してふるまいたいという名目で家中の者を集め、武術鍛錬の必要や人使いの心得などを説いた。注目すべきは二度目、十一月一日に語られた内容だ。

数年来の財政難で家中の者たちは困窮していた。英公は藩の重役たちに家中への給付を増やすよう指示したが、現状では無理であるという答えが返ってきた。旱魃《かんばつ》の影響で十分な年貢収入が期待できなかったからである。すると英公は、隠居料の収入を削って家中へ給付するよう命じた。

問題はそのような重大な決定を、当時江戸藩邸にいた節公の耳にも入れず、十一月一日、隠居屋敷に集まった家中の者たちの前で宣言したことである。英公もさすがにそれがどれほど異例な決定であるか承知していた。

英公はこう語った。—これから江戸に手紙を書いて殿様(節公)の返答を待っていたら、家中の窮乏(「不勝手」)はますます深刻になるだろう。殿様とは来年帰国してからじっくり相談するとして、今、とりあえず家中を救済するために独断で給付の増加を約束する—。いくら隠居料の年貢収入を充てるとしても、これでは藩主たる節公の面目まるつぶれではないか。

英公の容態が悪化すると、節公は隠居屋敷に日参して看病に努めたというが、父子の和解はついに実現しなかったようである。和解どころか、不和は英公の死後も続いた。

三回忌の法事が済むと、節公は法然寺般若台に納められた英公の像を〝改造〟した。それは青年期の英公が冠と金龍の衣を身に着け龍にまたがる木像だった。節公はこれでは天子の像とまぎらわしいとして、生前の位階通り従四位少将の装束と冠を着けた坐像に替えた。さらに足元に彫られていた龍も側面に移動させた。改造にして改造にあらず。まったく別の木像に造り替えたのである。

般若台の像は、英公が往年の誇りと夢を形にしたものだった。それを造り替えるのは、英公の生前の自負を切り裂く行為とも言える。その一方で、浄観寺の英公像には手が加えられなかった。六十歳頃の姿を写した白髪まじりの像だったからだ。

造り替えられた般若台の英公像。では造り替える前の像はどうなったか。小神野によれば、節公は家臣の林宗印に命じて、讃岐に配流された崇徳院《すとく》が茶毘《だび》に付された白峯《しらみね》の稚児嶽《ちごがたけ》に埋めさせた。ところが誰のしわざか、木像は掘り出されてしまう。節公は場所を南条峰に埋めさせたが、像はまたしても掘り出され、放置された。処置に困った林は、ついに像を焼き、その灰を南条峰に埋めたという。節公に批判的な者が像を掘り返したのか、それとも英公に遺恨のある者のしわざか。いずれにしろ節公によって、英公の若き日の雄姿と夢を刻んだ像は葬り去られたのである。

林宗印のその後にも触れておこう。英公像焼却後、林は節公にうとまれ知行を没収され、引田《ひけた》安戸《あど》の地（現・東かがわ市）に家族ともども監禁された。住居の近辺には徒目付《かちめつけ》が詰め、外出も来客も許されない状態が続いた。水も食糧も不足し、このままでは餓死するしかない。追い詰められた林は、柿の木に帯を掛けて自害した。

酷い話だ。しかし節公が求めたのは林一人の死で、家族は命を落とすことなく、四人の孫の家は、それぞれ繁栄したと『盛衰記』は伝えている。

以上、英公と節公のしっくりいかない場面を『盛衰記』の記述から拾ってみた。藩主二代の人間関係をこれほど赤裸々に書きとめた記録は、すくなくとも著者が知るかぎり、他にない。当然気になるのは、『盛衰記』の稀有な記述が、どれほど真実かという点だ。中村十竹は『消暑漫筆』でどう述べているだろうか。中村はまず「御両君御不和の事を委《くわし》く記しあれども、余（＝中村）詳《つまびらか》なる事をしらざる故略す」と言う。英公と節公の不和について小神野は事細かく書いているが、自分は詳しいことは知らない。だから『盛衰記』の記事を『消暑漫筆』に書写するのを略した、というのである。

そのうえで中村は「御父子様御間に御くひ違《ちがい》これあるなどいへるヶ条は、委細を知《しら》ぬ小人《しょうじん》の推量にて作り出せる傅会《ふかい》の説なるべしと思はるゝなり、能々《よくよく》考へ見るべし」と小神野を批判した。英公節公父子の不和を記したくだりは、事実を知らない小人がでっち上げたフィクションにほかならない、と。小人が小神野を指しているのは言うまでもない。

両君の不和ついてはよく存じ上げない。中村は正直に認め、小神野に対する批判の言葉にもおのずとキレがない。しかし林宗印に関しては、小神野の誤りを見のがさなかった。

小神野は三回忌が済んでから英公像を造り替えたというが、英公の三回忌は元禄十年で、林はその前年、元禄九年の九月五日に自殺している。林の自殺は英公像とは無関係だ。もうひとつ。『盛衰記』には「林宗印」とあるが、正しくは「林宗員」である。英公像焼却と林自害の話は、「虚談」（ウソ）に違いない――。例によって中村の指摘はきびしく、しかし当を得ている。

第五章

わが子に一度も声をかけなかった冷たい殿様

◆寡黙すぎる父、節公

命の恩人でもある養父とついに親しむことのなかった節公だったが、彼もまたわが子に対して良い父親だったとは言いがたい。

節公には右衛門《うえもん》（名は頼泰）という長男がいた。貞享《じょうきょう》四年（一六八七）生まれ。節公が三十六歳のときの子である。日増しに可愛くなる右衛門だったが、なぜか節公はわが子に言葉をかけようとしなかった。右衛門にはそれが不思議でならない。「父上はどうして私にお話をなさらないのだろう。一生のうち一度でいいから、『右衛門か』とお声をかけていただきたいものだ」。『盛衰記』の原文は「御父様には如何して我等に御意《ぎょい》無之哉《これなきや》、責《せめ》て一生之内一度、右衛門かと有御意を御聞被遊度《おききあそばされたし》」。父親に名さえ呼んでもらえない幼子の、切ない気持ちが伝わってくる。

ぜひお言葉を。奥方からもお願いしたが、節公はただ笑うだけ。依然として右衛門に言葉をかけなかった。参勤交代の送迎に右衛門が出て来たときすら、一言もなかった。

右衛門様が八歳のとき、次の間にいた右衛門様は、医者の長尾分哲（『小神野夜話』では文哲）にこう尋ねた。「最近言葉が出にくいのだけど、どうしたらいいのだろう」。長尾が「お灸をすれば言葉が出やすくなります」と答えると、右衛門様は「ならば、父上にお灸をしてあげてください。父上は私に一度も話しかけてくださらない。お灸が効いてお言葉があるかもしれないから」——。

これも原文を挙げておこう。「左様ならハ御父様へ御灸を上けて呉候得《くれそうらえ》　終《つい》に御意を聞ぬ故御灸上け度《たし》」。折から節公は上の間にいて、右衛門様と長尾のやりとりを聞いていた。わが子の愛らしい言葉にさすがの節公も居たたまれず、頬ずりするようにやさしい言葉をかけたはず、と想像したのだが……。

そんな期待を裏切って、節公は「油断のならぬ奴」とつぶやいただけ。しかし至極ご機嫌で、笑顔を見せたとか。

近くに父がいると察して、いかにも子どもらしい方法で願いを叶えようとした右衛門を、わが子ながら油断できない（心を許せない）奴だと警戒しながらも、面白い子だと見直し思わず頬がゆるんだのであろう。しかし、それでも言葉をかけることはなかった（「夫《そ》れにても御意は無御座候由」）。

もっとも、節公の無口は右衛門に対してばかりではなかった。儒者の菊地武雅が作文した節公の墓碑にも「天性寡黙」とあるほどで、その寡黙は、口数がすくないという程度のものではなかったようだ。『節公事蹟』には、近習の藤田九郎兵衛勝義に関する次のような話も。

藤田は節公が十三歳で養子になったときから近習として仕え、もっぱら節公の髪結いの役を務めた。節公が藩主になると、年々江戸に従い、節公が隠居するまで実に四十一年間も勤続した。ところが節公が三十代のある年、いささかお気に召さないことがあり、以後二十余年、節公は藤田にまったく言葉をかけないようになった。それでも従来通り黙々と御用を務める藤田。そんな彼を、家中の人々は類い稀な人物であると評した。

節公は藤田を疎んじて沈黙を通したのではない。その証拠に、病に倒れた節公は世子の頼豊《よりとよ》（恵公《けいこう》）に「藤田は志のすぐれた男だ。万一のときは必ず役に立つだろう。今後も目をかけて召し使うように」と遺言している。実は藤田の誠実な人柄を高く評価していたのだ。

言葉は交わさなくても通じ合う主君と家臣の心と心。すくなくとも『節公事蹟』は君臣美談としてこの話を伝えている。万事慎み深く冗談や戯れ言などけっして口に出さなかった節公だが、家臣の人柄や働きぶりをしっかり見つめていたというのである。

元禄十一年二月、右衛門は頓死（急死）した（法号は霊體院殿）。節公が長男の急逝に驚いたのは言うまでもない。

『小神野夜話』は「節公大《おお》に御驚候由」とだけ記しているが、『盛衰記』は「節公被遊御聞《おききあそばされ》、御驚にて夫《それ》は今迄養居《やしないおり》候かと計《ばかり》御意にて有之候由」とやや詳しい。節公は驚きはしたものの、悲しみをあらわにするでもなく「今まで病で保養していたのか」とぼそりと語っただけ。右衛門の健康状態に関心がなかった様子がうかがえる。

息子に無関心で冷淡な父親。すくなくとも節公が普通の父親と異なる心情で息子に接していたことは否定できない。実父や養父に対する屈折した思いが、父親らしい愛情や態度を心の奥に押し込めてしまったのだろうか。

右衛門の没後まもなく、次男の久松《ひさまつ》も三歳で亡くなり、節公は、弟（実は従兄弟）頼候（頼章とも）の子を養子に迎えた。高松藩三代藩主松平頼豊（恵公）である。

右衛門に対する節公の異様な寡黙について、中村十竹がどう述べているか気になる。

中村はまず小神野の誤りを指摘する。曰く。小神野は右衛門が十三歳で亡くなったとしているが、十二歳の間違いだ（貞享四年生まれで元禄十一年没だから、たしかに享年十二）。右衛門と灸の話をした医者を長尾分哲としているが、これも長尾善庵の間違い（善庵は分哲の父で高松藩医。年齢的にも中村の言う通りだろう）。右衛門は「頓死」ではなく疱瘡で亡くなったとも修正している。細かい所では、「惣明」は「聰明《そうめい》」の間違いであると、誤字の指摘まで。

そのうえで中村はこう記している。「節公は、常日頃とても寡黙な方だったそうだが、それにしても、立腹もしていないのに十二歳のわが子にまったく言葉をかけなかったなんて、ありえない。これは後《のち》にでっち上げられたウソ話だろう（「公には御《ご》平生至《へいぜいいたっ》て御意少《すくな》き御性分にはあらせられしよしなれども、御十二歳迄御成長の御子様に何の御立腹もなきに御意なかるべきやうなし。此条後人《このじょうこうじん》の作りたる虚談と見えたり」）。

◆わが子を流すようみずから命じたのに……

実の息子に最期まで言葉をかけようとしなかった薄情な父親は、なぜか流産させた子には異様な執着を示した。執着の仕方も屈折していた。出産前に命を奪われたわが子を悼むというより、堕胎を執行した者に惜しみない憎悪を注いだのである。

といっても堕胎執行者はみずから好んでそうしたのではない。彼が胎児を流させたのは、ほかでもない、節公がそうするよう命じたからである。『讃岐盛衰記』で経緯をたどってみよう。節公は部屋住み時代（養子に入ってから藩主になるまで。すなわち十三歳から二十二歳の間）のある年、側に仕える女中に手をつけ、これを孕ませた。当時、英公は奥方を病で亡くし再婚をしていなかった。そんなとき養子の自分が女中を孕ませたと知ったら、英公は快く思わないだろう。節公はそこで家臣の谷将監《たにしょうげん》に身重の女中を預け、「よろしく計らってくれ」と曖昧な指示を与えた。原文は「兎角も宜《よろしく》計《はから》ひ呉《くれ》候様に」。女中の子を処分するよう命じたのである。谷は「畏まりました」と女中の身を受け取ると、子を水にした。三十日後、女中は再び節公に奉公に上がった。

直ちに子を堕させるなんて酷すぎると思う人もいるかもしれないが、あのような状況で主君からああ言われれば堕ろさせるしかないと谷は判断したのだろう。事実『讃岐盛衰記』の別の箇所では、節公が子を堕ろさせるよう谷に命じたと明記されている。谷は命じられた通り実行しただけなのである。その場面の原文は「御子様を水に致候様にと被仰付候処、奉畏候由申上《かしこまりたてまつりそうろうよしもうしあげ》、早々水に致し」。谷が酷すぎると非難されるいわれはない。

ところが節公は谷を激しく憎んだ。自分が命じた通り堕胎させたのだから、谷から報告を受けて、表面はとりあえず機嫌よくふるまったが、心は波立ちやがて憤怒《ふんぬ》ではち切れそうになった。どうやら節公は「谷将監に女を預ければ、ひそかに出産させ、内々《ないない》で子どもを養育してくれるだろう」と期待していたらしい。しかし期待は完全に裏切られ、節公は、言葉にこそ出さないが谷を〝主殺しめ〟と憎しみ罵《ののし》ったという（「内々は谷を主殺しめと御立腹不斜《ななめならず》」）。

谷将監重可は、英公と光圀の生母久昌院《きゅうしょういん》の兄谷平右衛門重祐の子で、英公の従兄弟。寛文四年（一六六四）に節公が世子となるとその守役《もりやく》を拝命し、同七年に父と共に老中となった高松藩の重鎮である。叔母の久昌院が英公を出産した経緯を思えば、谷ならば水にせよと命じても、内々で出産させ育てるだろうと節公が期待したのも不思議ではない。

実父と伯父そして自分自身も、危うく水にされるところを救われた。節公には、たとえ水にせよと命じても、主の子であれば命を助けられるはずという強い思い込みがあったのだろう。あるいは主君と家臣の間にはそのような暗黙の了解があると思っていたのかもしれない。ところが谷は主の子を即刻流してしまった。主の子は主同然。だから節公は谷を〝主殺し〟と決めつけたのである。

谷に対する節公の態度は冷酷を極めた。それは身体に直接苦痛を与えるものではなく、じっくり時間をかけて精神的な苦痛を負わせるものだった。『讃岐盛衰記』には、節公が谷をいじめ続けた様が克明に記されている。

その前に、例によって中村の指摘を振り返っておこう。中村はまず、小神野がなにを根拠に書いたのか疑問を呈している（「光端何によりて記せるや、其出る所定かならず」）。しかし自分はたしかなことは知らないので、一概に浮説（風説）とは言いがたい。中村は、本家の水戸徳川家で主君の子を水にした先例があることにも触れている。ありえない話ではないという言い方だ。とはいえ、谷将監のような重役が、妾腹とはいえ節公の子をそう軽率に流産させるだろうかと疑っている（「元老の職に在し人の、かゝる卒忽《そこつ》のはからひ有べき事とも思はれず」）。

中村の結論は「尤《もっとも》訝《いぶか》しく」。かなりあやしい話というわけ。しかし根拠のない話、まったくのウソとは言い切っていない。

◆節公の子を流した家臣・谷を襲う苦難

谷将監に対する節公の態度は、今風に言えばこれ見よがしのイジメ、パワハラにほかならない。すくなくとも、英公時代の重臣を藩政から退け自身の体制を強化しようとする政治的判断だけが原因だったとは考えられない。

英公没後のある年、谷は節公に出府を命じられ、江戸へ赴いた。江戸に到着すると熊田助左衛門を通じてその旨申し上げたが、節公は顔を振っただけでなにも語らなかった。自分が呼び付けておきながら、その後も拝謁を許さず、結局、谷は一度も節公に対面しないまま、翌年、国許へ帰る節公のお供をして高松へ戻ったという。節公は、谷を完全に無視し続けたのである。

ちなみに『消暑漫筆』によれば、谷の着府（江戸到着）は元禄八年（一六九五）七月で、節公の帰城（高松着）は翌九年六月二十二日だという。

高松に帰って三日目、谷に登城を命じる奉書が届き、ようやく節公に拝謁が許される。節公は参上した谷に隠居を申し付け、ほかになにも語らなかった。谷は自宅で謹慎。さらにその三日後、谷家は取り潰しになったので、屋敷を早々に引き払うよう達《たっし》があった。

さすがに谷も抵抗した。このまま屋敷に住居したい旨を申し上げたが、節公からなんの返答もない。それから五日目、意外にも谷の嫡男と次男にそれぞれ千石、五百石が下された。谷家はとりあえず取り潰しをまぬがれた。

その後、谷将監は剃髪《ていはつ》して隠居名に改めたいと申し上げたが、その隠居名が節公の機嫌をそこねた。右衛門の法号と同じだというのである。驚き恐れた谷が柳陰《りゅういん》に変更したところ、節公は「柳陰とはなんとも頼りない。ふたりの子があわせて千五百石も頂戴しながら、柳陰はありえない」と述べ、さらに『新古今和歌集』から西行《さいぎょう》の歌「道の辺に清水流るゝ柳陰《やなぎかげ》　しばしとてこそ立ちどまりつれ」を引いて、柳陰と名乗るのは「己の不遇《ふぐう》もしばらくの間だけ」という思いを込めたのだろう（「おれが下に居るも少しの間と云ふ心成べし」）と谷を問い詰めた。

谷は恐れ入って柳陰を取り下げ、仙岸と名乗ることにした。節公は機嫌を直し、谷はようやく隠居号を称せるようになったという。

もちろん中村は黙っていない。谷の隠居号が右衛門の法号と重なるというのは「虚談」。なぜなら右衛門が亡くなるのは、この話の三年後だから（右衛門にはまだ法号はないはず）。谷の子の名を間違えるなど、小神野の記述は混乱している（「混雑して分明《ふんみょう》ならず」）等々。中村はまた「仙岸」を「仙岩」と書いているが、さてどちらが正しいのだろうか。

谷家はその後どうなったか。谷将監の子の一人は、程なく病死して禄を召し上げられ、もう一人の谷蔵人《くらんど》も、節公を継いだ恵公の時代に、節公の遺書を理由に禄を没収されたと『讃岐盛衰記』は記している。同書が伝える谷家退転の場面はドラマチックだ。

不祥事を咎められた谷蔵人は、知行の返上を願って承認された。もはや谷家もこれまで。「英公の母方の実家である谷家を潰すのはしのびない。拙者の知行を差し上げるのでなにとぞ谷家の知行はそのままに」と申し出る重臣さえいたが、谷家の存続を求める声は、恵公が「御用箱《ごようばこ》」から取り出した節公の遺書によって封じられた。

遺書には節公の直筆で「谷家をれんれんに取潰し可申《もうすべし》」と書かれていた。「れんれん」は連連で、引き続き、絶えることなくという意味だろう。自分の死後も引き続き谷家を取り潰すよう努めよ。節公は恵公にそう遺言していたのである。

中村によれば、谷蔵人は恵公の時代に貧しさで逼迫《ひっぱく》。正徳《しょうとく》四年（一七一四）に職禄を辞して浪人になったという。小神野は「御用箱」（「御《お》言継箱《いいつぎばこ》」とも）のその後について、次のような話を伝えている。

節公の跡を継いで三代目藩主となった恵公（頼豊）が享保二十年（一七三五）に五十六歳で没し、懐公《かいこう》（頼桓《よりたけ》＝英公の六男頼芳《よりよし》の孫）の家督継承が決定したときのこと。恵公の侍女で男子を出産したのち「北の御部屋様」と呼ばれていた女性が、恵公から預かっていた「御用箱」を、庭に掘った穴の中で焼き捨てたというのである。

彼女に仕えていた岸田という老女から小神野が直接聞いたところによれば、御部屋様は「私は英公や節公の直筆の文書を収めた御用箱を預かっていますが、今となっては不要なので焼き捨てようと思います」と述べたとか。先代や先々代の文書など、もはや役に立たないので（「いらぬ者也」）、自分の判断で焼き捨てる（「我等了簡《りょうけん》にて焼捨可申《もうすべし》」）と宣言したのだ。

小神野は彼女を「仁女」（思いやりのある女性）で恵公からも信頼されていたと評している。谷家の扱いに関する節公の遺書など、遺恨を綴った文書の存在は、松平家にとっても藩政にとっても害となるばかり。そう判断して抹殺した彼女の勇断に心中ひそかに喝采していたのかもしれない。ちなみに彼女はのちに常久院と称し、宝暦四年（一七五四）に没している。

中村はどう述べているか。

中村はまず「御用箱」を彼女が預かるはずはないと言う。「御用箱」は掛りの者が保管し、出府の際は江戸に持参する。だから小神野の話はそもそも信じられないというのである。とはいえ中村もまったくのウソだとは断言できなかったのか、こう付け加えている。大切な文書を焼き捨てたというのが万一事実だとすれば、彼女は「仁女」どころか、とんでもない不忠を犯した悪女と言うべきである（「古今不忠の悪婦人と云べきなり」）と。

◆百年続いた水子の祟り

谷将監の堕胎執行に始まるドラマは、節公の憎悪と復讐で山場を迎え、怪談めいた因縁譚で幕を閉じる。

谷将監は、節公の子を早々に水にすると、死骸を屋敷の鬼門《きもん》（北東）の隅にある奥書院の庭の築山《つきやま》に埋めた。その後、谷家の退転で主を失った屋敷の建物は崩れ、庭は荒れ放題に。屋敷は年を経て後藤主膳《しゅぜん》に下されたが、主が相次いで病死し後藤家は退転。ふたたび主がいなくなった屋敷は、恵公の側室覚了院に下された。

しかし覚了院も程なく死去。明和《めいわ》年間（一七六四―七二）、空き屋敷は帯刀《たてわき》こと松平頼起《よりおき》の屋敷となる。頼起は五代藩主頼恭《よりたか》の子で、兄で六代藩主の頼真《よりざね》が亡くなったのち七代藩主になる。

なにしろ不吉続きの屋敷である。頼起が不安を感じたのも無理はない。評判の高い易者に占わせたところ、「たいそう繁栄のお屋敷ですが、少々不吉な所が。お居間の下に高貴な方の御印《みしるし》がございますようで」と言う。「御印」は遺骸のことだろう。

内々で調査したところ、谷家の屋敷時代に築山だった所に現在居間が建ち、その地下に「水子様」の遺骸が埋められている事実が判明した。とはいえ歳月が経過しているので場所の特定ができない。頼起は、居間の下の土を掘り、祈禱《きとう》をして石塔に収め、屋敷内の鎮守の脇に安置して三日間の祭りを行った。それは安永《あんえい》元年（一七七二）三月、頼起が藩主になる八年余り前のことだったと『讃岐盛衰記』は記している。谷将監によって殺されてからほぼ百年を経て、屋敷の主に祟《たた》り続けた「水子様」の霊魂がようやく鎮められた。

祟り？　節公が生きた十七世紀後期から十八世紀初頭には、主君の子を水にしてもさほど罪の意識を感じなかったが、十八世紀後期になると、無残な所業であり、祟られてしかるべしと思われるようになっていたのであろう。

節公の実の父である徳川光圀に罪の意識が希薄だったのは言うまでもない。天下に名を知られた名君でさえ、理由はなんであれ、事もなげにわが子を水にするよう命じていた。そんな時代には、水子の祟りなど思いもよらなかったのかもしれない。

◆光圀と節公、打ち解けなかった父子初対面

最後に節公と光圀の関係にも触れておこう。元禄十四年（一七〇一）に編纂された光圀の逸話集『桃源遺事』に、十三歳の節公と初めて対面したときの光圀の様子が、こう書かれている。「西山公《せいざんこう》御したしみの御様子かつてこれなく候《そうら》ひし」。光圀は節公に親らしい愛情をまったく見せなかったというのである。

光圀（義公《ぎこう》）が節公に冷たく接した理由を、高松松平家十一代目の頼聰《よりとし》は、『家譜別記《かふべっき》』（明治六年〈一八七三〉序）にこう書いている。「されども義公には御深慮あらせられしにや、御生涯御父子の御したしみはなく、よの常叔姪《おじおい》の御待遇にてありしとぞ」。兄頼重の養子となったからには、実の父子であっても叔父と甥の間柄。それ以上の親密さを見せてはならぬとみずからを戒めたというのだ。頼聰はそんな光圀の態度を「古今にためしあるまじき御事《おんこと》なり」と手放しで賞讃している。

はたしてそうだったのか。

誕生を望まない子だったからか、それとも兄の嗣子《しし》である節公はわが子であってわが子ではないと突き放したのか、結局のところ光圀の胸中はわからない。

成長した実の息子（節公）に冷淡な態度を示した体験は、息子を悲しませただけでなく、父光圀にとっても深い心の傷になったのではないだろうか。なぜ自分は初対面の実子にあたたかい言葉をかけてやれなかったのか。光圀は身をもって父子関係の難しさを思い知ったに違いない。

第六章　家臣という名の曲者《くせもの》たち

◆「お風呂のお下がり」を許された有馬大学の悲劇

小神野与兵衛が綴った『盛衰記』には、英公と節公の心情や確執だけでなく、ふたりに仕えた家臣たちのさまざまな逸事も記録されている。高松藩士の小神野にとって、彼らは先輩であり、場合によっては父祖の親類縁者や友人だった。個人的にも興味をそそられたに違いない。とりわけ英公に仕えた家臣たちは個性的だった。当時主従の関係は後代と比べずっと親密で、それだけに寵愛や憎悪の情も激しかった。君臣の間に予想外のドラマを生む豊潤な土壌があったのである。

個性的な家臣たち。といっても類い稀な勇者や忠臣とはかぎらない。故人を顕彰するためではなく、忘れ去られようとしている逸事を後世に伝えようとした小神野の家臣列伝には、どうしてこんな人がと思われる者も登場する。たとえば有馬《ありま》大学《だいがく》もそのひとりだ。

英公がまだ若かった頃、有馬大学という小性がいた。ある日、英公からお風呂のお下がりを許された（英公が入った風呂に入ることを許されたのだ）有馬は、驚喜して小性部屋に戻り、当番で詰めていた甲賀八太夫、甲賀五左衛門、大西主膳の三人に「お風呂のお下がりを頂戴した」と誇らしげに吹聴した（『盛衰記』の原文は「風呂之御下被下《おさがりくだされ》候由申」）。のみならず、部屋で丸裸になった有馬は、そのままの姿で三人の前を通って湯殿へ直行した。

『高松藩祖　松平頼重伝』（以下『松平頼重伝』とする）によれば、これは慶安《けいあん》二年（一六四九）、英公二十八歳の年のことだという。

ところで同書が引用している『小神野夜話』の記述と『香川叢書』に翻刻されている『小神野夜話』の記述には、大きな違いがある。『香川叢書』所収の『小神野夜話』が有馬について「志《し》学之《がくの》よはひにて御座候《ござそうろう》」（「志学」は十五歳を意味する）と記しているだけなのに、『松平頼重伝』引用のそれは「志学のよわいにて御座候を直し候者これあり」なのだ。

「御座候」と「御座候を直し候」ではどのような違いがあるのか。「御座候を直し候」はおそらく「御座を直し候」の書き違えだろう。〝御座を直す〟は寝所の伽《とぎ》を務めること。つまり有馬は十五歳で英公の男色の相手だったというのである。話を続けよう。

丸裸のまま目の前をよぎられた三人は、しばし唖然《あぜん》。やがて怒りがこみ上げてきた。「まだ元服前の子どもとはいえ、なんという馬鹿者だ。風呂をお下げになった殿様もどうかしている（「不出来千万《ふできせんばん》」）。それにしても、いくら嬉しいからといって、われわれの前を全裸で通り過ぎるとは……。あのような者は将来が思いやられる。許せない。風呂の中で煮殺してしまおう」

三人は湯殿へ行き、風呂の戸が開かないように押さえてから、風呂焚きの者に火をどんどん焚くよう申しつけた。

風呂の温度は上昇し、有馬は苦しくて声をあげた。しかし駆けつける者もなく、戸を押さえられているので外にも出られない。しばらくの間、蒸し殺しの状態が続いた。

高松城の浴室は、江戸城や名古屋城と同じようにサウナ式の蒸し風呂だったと想像される。だから「煮殺し」というより「蒸し殺し」。逃げ場のない浴室に閉じ込められ、高温の蒸気で蒸されるような責め苦を受ける十五歳の小性。有馬大学危機一髪。

さいわい湯殿の近くを通りかかった者が、有馬の叫びを耳にし、風呂場の戸を押さえていた三人を押しのけて、半死半生の有馬を救い出した。手を尽くし快復に努めたが、とても助かりそうにない。

事件を知った英公は、三人の行為を「法外」として、大森八左衛門、榎本源右衛門、石井仁右衛門にそれぞれの身柄を預けたのち、切腹を命じた。甲賀八太夫を預かった大森八左衛門は、三人の助命を英公に哀訴したが、許されなかった。大森は屋敷に戻って甲賀八太夫に「八太、八太、とかく不叶《かなわ》ぬ、不叶ぬ」（原文）と述べ、わが身の力不足を嘆いたという。これに対して八太夫は、「元《もと》より切腹の積りにて致事《いたすこと》故《ゆえ》不苦《くるしからず》」（同）と答え、いさぎよく腹を切った。

助命がかなわなくても落胆せず、かねて覚悟の事と見事割腹したというのだが、そもそも十五歳（満年齢なら十三、四歳）の少年を三人がかりで蒸し殺しにしようとした罪は重い。常識や分別は微塵《みじん》も感じられない。

◆有馬を蒸し殺そうとした三人の切腹と、英公の後悔

三人はいったいどのような家来だったのか。『松平頼重伝』は『消暑漫筆』に基づいて三人の経歴を挙げているが、なぜか『消暑漫筆』と異なる箇所がある。『消暑漫筆』の記述に従って経歴を紹介すると、以下のようになる。

有馬大学　初め六之助。正保《しょうほう》（一六四四―四八）の末に召し出され、慶安（一六四八―五二）の初めに大学と改称。事件があった慶安二年当時は、二十五人扶持に金五十両を給せられ、小性の職に在った。

甲賀五左衛門　下館で召し出され、二百石で右筆《ゆうひつ》を務め、高松に来て百石加増。同じく右筆。正保元年（一六四四）に目付となる。

甲賀八太夫　同じく下館で召し出され、慶安元年（一六四八）に小性となり、禄三百石。

大西主膳　高松で召し抱えられ、慶安元年に小性となる。禄二百五十石。

半死半生で救出された有馬はどうなったか。九死に一生を得た有馬のその後を『松平頼重伝』はこう記している。

「有馬大学はこの後快復して、姓を橋本と改め、慶安三年（一六五〇）には三百石、同四年には中小性頭を命ぜられたが、明暦三年（一六五七）罪あって、足軽頭筧《かけひ》助左衛門に預けられ死罪を申付けられるところだったが、将軍家光の七回忌に当たって許され、寛文二年（一六六二）には百俵五人扶持を下され中寄合となったのである」

これまた『消暑漫筆』の記述と微妙に違う。同書では慶安三年は慶安四年、明暦三年は承応三年となっている。残念ながら、どちらが正しいのかはわからない。とにかく有馬は、大きな波乱を経験しながら、それでもなんとか藩士として生き続けたようだ。

切腹した三人の〝その後〟にも触れておこう。隠居後、英公は三人を切腹させたことを後悔し、阿弥陀・薬師・観音の三尊仏を造らせて「御山《おやま》屋敷」と呼ばれた別邸（石清尾《いわせお》八幡宮南　現在の高松市宮脇町）に安置し、三人の冥福を祈った。

ところが延宝六年（一六七八）に英公が下屋敷に移ると、御山屋敷は取り払われ、三尊仏は跡地に残された。英公没後、元禄十五年（一七〇二）に志度寺《しどじ》の住持の願いで三尊仏は志度寺の境内に移された。志度寺は英公が再興した真言宗の寺で、現在もさぬき市志度にあり、四国八十八ヶ所霊場の第八十六番札所となっている。

三尊仏は今も志度寺境内に残り、さぬき市・さぬき市観光協会によって、由緒を記した解説パネルが設置されている。ただ、解説には「頼重公が若い頃、些細なことから三人の近習、甲賀八太夫、甲賀五左衛門、大西主膳に切腹を命じた」のを晩年になって後悔し、三尊仏を安置して「朝な夕なに冥福を祈った」とあるだけで、事件の詳細には触れられていない。事件の詳細どころか、被害者であり主人公でもある有馬大学の名すら出てこない。

このままでは真相は隠蔽され、史実は忘れ去られてしまう。解説の前半は「頼重公は、男色の相手を務める小性の有馬大学を、些細なことから、風呂場で蒸し殺しにしようとした三人（中略）に切腹を命じた」と書き替えるべきだろう。「些細なこと」が、風呂のお下がりを許され、驚喜のあまり丸裸で三人の前を通り過ぎたことだったと書けとまでは求めないが。

いさぎよい切腹と主君の後悔。英公と三人の家臣の君臣佳話《かわ》は、もとをただせば男色がらみの少年虐待事件にほかならなかった。

同じ『小神野夜話』でも写本によって記述に違いがあることはすでに述べたが、『小神野夜話』と『盛衰記』の違いは、当然ながらさらに大きい。この事件の記述で最大の違いは、『盛衰記』では三人は有馬を殺そうとしているが（「あの様にうつけ者、風呂の内にて煮殺て仕廻可申《しまいもうすべし》と三人申《もうし》合《あわせ》」）、『小神野夜話』では、たんに困らせて（とっちめて）やろうとしている点だ（「成人之後々は如何《いか》様成儀《ようなるぎ》を可致《いたすべき》もしれざるうつけ、風呂之内にてこまらせ可申《もうすべし》と三人申合」）。殺すと困らせるの差は大きい。

前述のように、『小神野夜話』は、斎藤次美が『盛衰記』の記述を補ったもので、当然記述にも手が入れられた。斎藤は事件の残酷さを薄めるために『盛衰記』の記述を意識的に書き改めたのだろう。時の流れも無視できない。斎藤が『小神野夜話』を編集した頃は、武士の気風も穏やかで常識的になり、殿様が寵愛する小性を仲間が蒸し殺そうとするような蛮行は、もはやイメージできなくなっていたのかもしれない。ちなみに有馬大学一件を小神野に伝えたのは、後藤風外と辻弥内《やない》だった。小神野の聞き書きの貴重な成果と言える。

中村十竹は、小神野の記述をどのように評しているだろうか。関係者の経歴以外にも中村はいくつか誤りを挙げているが、事件があったのは事実と認め（「実事なる由」）、確実ではないが慶安二年のこととしている。有馬は「英公寵愛の者と見えたり」とも。英公と男色の関係があったというのだ。

もちろん不審な点は容赦なく指摘している。まず三人のうち甲賀五左衛門について。当時目付の職に在った彼が、小性を蒸し殺しにするような法外なふるまいをするはずがない。小神野は他の者と間違えていると。三人の身柄を預かった人物についても疑わしいと言う。大森八左衛門と石井仁右衛門は共に老中職。榎本源右衛門も持筒頭で、いずれも罪人を預かるような立場ではないからだ。

「足軽頭の筧義右衛門にお預けになっていた大西主膳が、慶安二年三月二十九日に切腹を仰せつけられたと旧記に見える」という指摘も貴重だ。もうひとつ、小神野の情報源の一人後藤風外についても否定的だ。「後藤風外は彼（＝小神野）が好物《こうぶつ》なれども、毎々誤れる物語多し、信じ難し」。後藤が語った話など、間違いが多くて信じられないというのである。

◆渡辺伊賀の「顔面大疵」事件

英公時代の血なまぐさい気風は、渡辺伊賀の逸事からも顕著にうかがえる。渡辺伊賀は、英公が高松入りしたとき船奉行として従った人物。渡辺の逸事とはこんな話である。

ある日、渡辺が甥の何某《なにがし》をきつく叱ったところ、何某は逆上して伊賀に斬りかかった。大男の渡辺は大脇差《おおわきざし》で抵抗したが、高齢のため何某を仕留めることができなかった。

武勇を発揮したのは妻の方だった。夫の劣勢を見かねた彼女は、長刀《なぎなた》の鞘を払って、渡辺に声をかけた。「仕留《しと》められそうにないとおっしゃるなら、私が代わって相手を致しますが、どうなさいます？」。『盛衰記』の原文は「若御手《もしおて》に余り候へば、私受取可申《うけとりもうすべし》」。これぞ武士の妻。夫のプライドを傷つけぬよう、「よろしかったら私が」と申し出たのである。

彼女が心配した通り、渡辺は太刀を受け損ねて顔面に傷を負った。そうと見るや、彼女は長刀の一振りで何某をなぎ倒し、渡辺は絶命寸前の何某の首を打ち落とした。

渡辺は保養して快復し、九十過ぎまで現役の藩士だったが、その顔面には「茶碗に水壱盃程入大疵《おおきず》」、茶碗一杯分の水が入るほどの傷跡が残った。頬が抉《えぐ》られて大きな窪みができたのである。それは「見事成《なる》疵」と称えられ、渡辺にとって男の勲章となった（妻がどのように称えられたかは触れられていない）。

この事件が起きたのは、栗田可休《かきゅう》が十七、八歳のときであると小神野は記している。栗田は享保七年（一七二二）に七十九歳で『生駒家廃乱記』を著しているから、万治三年（一六六〇）か寛文元年（一六六一）のことだろう。小神野は栗田の『可休覚書』を基にこの事件を紹介したという。

◆「うろたえ者」の一言で武士をやめた鳥井三右衛門の意地

英公時代の武士（その妻も！）が帯びていたのは、勇猛な気性と殺傷力だけではない。彼らには後の高松藩士には理解し難い〝こだわり〟があった。小神野はそんな〝こだわり〟にも注目している。藩主の治績だけでなく、当時の武士の心性や思考様式までも、藩の歴史として後世に伝えようとしたのである。

ということで、これから紹介する話には事件性が乏しい。有馬大学虐待一件（あるいは蒸し殺し未遂一件）や渡辺伊賀顔面負傷一件のように、切腹や殺傷で大量の血が流れたわけではない。

小神野はどんな〝こだわり〟を記録したのか。最初に登場するのは、鳥井三右衛門《さんえもん》という男である。

奥右筆の鳥井三右衛門が、高松城内を急ぎ足で奥へ向かっていたとき、思いがけなく路地で英公に行き当たった。びっくりして後ずさりし深く頭を下げたが、英公は「うろたえ者め」（原文は「うろたへ候哉《そうろうや》」）と鳥井を咎めた。

これがすべて。用件を済ませた鳥井は、帰宅すると妻に離縁を申し渡した。あまりに唐突で、妻の実家の父（兄とも）大久保主計《かずえ》にもなぜ離縁されるのか理解できなかった。そうこうするうちに、鳥井は御当家の家来を辞めたいと永《なが》の御暇《おいとま》を願い出た。他家に再就職する所存は微塵もないと申し添えて。

英公はさまざまに慰留したが、鳥井は頑として決意を翻《ひるがえ》さない。もはややむを得ない。英公は鳥井を召して御紋付と御羽織を下賜《かし》して願いを許した。さらに高松を去る際に五十人扶持を与えると約束した。

許しを得た鳥井は高松を去るべく船を出したが、拝領した五十人扶持（米あるいは相当する金銭か）は頂戴しなかったと小神野は記している。後藤風外から聞き取った話だという。

鳥井はなぜ高松藩士の身分を捨てたのか。鳥井自身はなにも語らなかったが、家中の面々は「主君から面と向かって〝うろたえ者〟と言われ、武士の面目丸つぶれ。もはや奉公を続けられぬとお暇を願い出たらしい」と取沙汰《とりざた》した。原文は「主人にうろたへ候哉と御意を受《うけ》、武士がうろたへて済物《すむもの》かと申処存《しょぞん》にて御暇申受候由」。『小神野夜話』では「武士がうろたへて済物か」が「うろたへては武士の瑕瑾《かきん》と存《ぞんじ》て」になっているが、意味は同じ。主人に〝うろたえ者〟と言われたら、それだけで武士の面子《メンツ》が立たないというのである。

小神野は後日談も添えている。

鳥井が高松を去ってから十年後、国分兵庫配下の足軽が、江戸へ向かう途中、駿府（現在の静岡市）で鳥井によく似た出家と出会った。「鳥井三右衛門様ではありませんか」と尋ねたところ、出家は「さようの者ではありません」と答えて立ち去ったという。

主君が発した何気ない叱責《しっせき》（「うろたへ候哉」）に即座に反応して、禄や家ばかりか武士の身分まで捨てた鳥井三右衛門。家の永続や保身さらには主君への従属的な忠義とも相容れない武士としての強情な自己主張は、英公の時代ならではと言えるだろう。こんな男、今の高松藩にはありえない。小神野は鳥井の決断に、ある種の潔さを感じたのかもしれない。

小神野はまた、この一件に懲りた英公が、その後〝うろたえ〟という言葉を封印したとも記している。

この話についても、中村十竹は貴重な情報を提供してくれる。鳥井は奥右筆ではなく、当時は惣領組頭だったと訂正。鳥井が病を理由に御暇願いを出したのは寛文八年（一六六八）十一月十五日で、同十八日に願いを許され、まもなく高松を去ったと年月日まで補記している。

中村は当初英公が鳥井の願いを許さなかったのは事実としているが、鳥井が英公から御紋付と御羽織そして五十人扶持を下されたことには否定的だ。主君の慰留に従わず藩を去る者にそのような厚遇がなされたとは考えられないというのだ。国分兵庫組の足軽が駿府で僧形《そうぎょう》の鳥井を見かけた後日談もウソと決めつけている（「虚談なるべし」）。

鳥井の行動に対する評価もさんざんだ。うろたえ者と言われたくらいで立腹したのだとすれば、短慮この上なく（「甚《はなはだ》短慮なる事」）、長年の厚恩を忘れて御暇を願い高松を立ち去るに至っては、「不義不臣の至《いたり》」「鳥獣にも劣たる事とも」と口を極めて罵っている。中村が『消暑漫筆』を著したのは鳥井の高松退去から百六十九年後。中村世代には、小神野世代以上に鳥井の行動が理解不能だったのだろう。

◆芦沢水之助の保身術

ところで小神野は、鳥井の話のあとで英公の〝うろたえ〟をめぐるもうひとつのやりとりにも触れている。

それは英公が御城から下屋敷に帰る途中で起きた。中村によれば、元禄元年（一六八八）より後のことだという。英公の一行が天神の横町を北の方から来るのを見た芦沢水之助は、行き合うと面倒と思ったのか、近くの三木武太夫の屋敷の門内に身を隠した。ところが駕籠の中からこれを見ていた英公は、誰であれ自分を見かけて隠れるとはけしからぬと、小使の者に命じて芦沢を駕籠脇に連れて来させた。

英公が「なぜ隠れたのか」と問うと、芦沢は「御前様《ごぜんさま》と存じていたら隠れるはずがありません。御連枝様方《ごれんしさまがた》（英公の男子たち）と見間違えたからです。御連枝様方は私のような者にも会釈をなさいます。そのような面倒をおかけしないように身を隠したのです」と答えた。

英公の行列と連枝の行列は、見た目が異なり、見間違えるはずがない。英公が問い詰めると、芦沢は「うろたえておりましたので」（「うろたへ申候由」）と答えた。突然のことで動顚《どうてん》し、見分けがつかなかったというのだ。すると、意外にも英公は「うろたえていたと申すのか。それなら仕方がない」と納得し、それ以上咎めずに通り過ぎたという。原文は「御合点《ごがってん》被遊、何をうろたへ候哉、うろたへなればよしよし」。二十年前の鳥井三右衛門のやりとりとはあまりに対照的だ。

小神野は、彼の父が若者たちを相手にいつもこの話をして、「鳥井三右衛門とはまったく違うが、君たちは鳥井と芦沢のどちらが正しいと思うか」（「三右衛門とは格別の違《ちがい》、是非は如何《いかん》」）と問いかけたと記している。「うろたえたのか」と言われ〝一発で〟武士をやめた鳥井と、「うろたえておりました」と述べてその場をしのいだ芦沢。武士の意地をつらぬき通すべきか、恥を捨てウソをついても保身をはかるべきか。君たちはどちらを選ぶかと尋ねたのである。芦沢のウソは武士の美学に反するが、保身に努めなければ家の存続もままならない。難しい選択だ。若者たちはどう答えたか。小神野はそこまでは書いていない。

◆英公への〝愛〟ゆえに出奔した新井源六

高松を去った家来は鳥井三右衛門だけではない。三百石で奉行職の新井源六もまた、英公のひと言で高松を去っている。去るといっても、新井の場合は、御暇願いを出して高松藩士をやめた鳥井と違い、正式な手続きを経ない「出奔《しゅっぽん》」だった。出奔は駈け落ち、脱藩とも言い換えられる。新井はなにが気に入らなかったのか。原因は英公の長男で、正室の万姫が産み落とした松千代《まつちよ》君だった。松千代が七歳になった承応三年（一六五四）正月、英公は新井を召して松千代の御附《おつき》として江戸藩邸に詰めるよう命じた。主君の命にどうして背くことができよう。しかも松千代様附という大任を仰せつけられたのだ。

ところが翌日、新井は書置《かきおき》をしたためたのち、妻子にも告げず、家財も残したまま、自身の釣り船で沖へ漕ぎ出た。高松を出奔したのである。新井の突然の出奔は、弟の三左衛門《さんざえもん》から英公に報告され、書置も差し出された。書置には、「私儀御《ご》一代《いちだい》と奉存《ぞんじたてまつり》候て御奉公仕《つかまつり》候処、御二代之御奉公被仰付《おおせつけられ》候義心外《しんがい》に奉存候、依之《よって》御家を罷出《まかりいで》、頓世仕候」と書かれていた。「私は英公御一人にお仕えするつもりで奉公してまいりました。しかるに此度、松千代君に仕えるよう仰せつけられたのは心外です。よって御当家を立ち退き、遁世《とんせい》（出家）いたす所存です」と意訳できる。

英公は新井の妻子や三左衛門に対してどのような罰を下しただろうか。意外にも処罰はなく、妻子と家財は三左衛門に預けられ、新井の捜索も命じなかったという。

後日談がある。三年後、新井は出家姿で戻り、高松で死にたいと三左衛門に語った。このときも英公はやさしかった。「勝手次第」（希望のままに）と仰せになり、新井は三左衛門のもとで余生を送ったという。小神野は横目に在職していた折、この一件の記録を『横目部屋日記』でたしかに見たと断っている。

以上は小神野の記述だが、『消暑漫筆』はいくつかの修正箇所を挙げている。中村によれば、新井源六が出奔したのは事実だが、それは万治二年（一六五九）四月十一日（小神野の記述より五年あと）で、したがって松千代は七歳ではなく十二歳。新井は禄三百石の奉行ではなく、三百五十石の小性頭だったという。三左衛門は弟でなく嫡子だったとも。

中村はまた、三左衛門が父の出奔後まもなく、禄二百石で家の相続を許されたことに触れ、父が主君の命に従わなかったばかりか無断で出奔したにもかかわらず、このように厚遇されたのは、父子ともに英公に格別に寵愛されていたからではないか（「父子共殊《ことのほか》外に寵愛ありし事にや」）と推測している。

ちなみに三左衛門は万治三年九月二十二日に松千代君附に任ぜられ、寛文三年（一六六三）に、右京と改名した松千代に従って養子先の水戸へ向かった（右京は綱方《つなかた》と改めたのち、寛文十年正月、疱瘡のため二十三歳で亡くなった）。

中村は書置についても補足している。書置は二通あり、一通は英公への上書で、もう一通は同役宛て。二通とも横目衆から英公に差し上げたという。書置の中の誤字も見逃さない。「頓世」は「遁世」の誤りである、と。英公に寵愛されながら命に背いて出奔した新井を、中村がどのように評したかは容易に推測される。それにしても、「短慮にして思慮なき拙《つたな》き人と見へたり」「つまらぬくだらぬ事を書遺《かきのこ》し、小舟に棹《さお》さして立退《たちのき》しに至りては、人倫に絶たる不忠不臣の至り」

というのは酷すぎないか。

中村が口汚く新井源六を罵ったのは、新井に対する英公の寵愛が、衆道《しゅどう》（男色）がらみだったのを嗅ぎつけたからかもしれない。

新井と衆道の色濃い関係は、出奔後に英公が取った奇妙な行動からもうかがえる。奇妙な行動？　英公は肥田半兵衛の息子で十四歳（満年齢なら十二、三歳）の半之助を召して新井の行方を尋ねたのだ。

「私はまったく存じません」（「私儀決て存知不申」）「知っていたらお尋ねがなくとも申し上げます」と答えた半之助に、英公は「お前だけは知っているはずだ。いつわりを申すと手討ちにするぞ」と声を荒げた。英公はなぜ千之助だけは知っていると確信したのか。それは新井と半之助が「知音《ちいん》」、衆道の契りを結んでいることを承知していたからである。

手討ちにすると言われた半之助は、英公に無言のまま擦《す》り寄り、さあ斬ってくださいと言わんばかりに首をさし伸べた。そんなふるまいに感服したのか、英公は「あの馬鹿め」（原文）と言い捨てて座を立ち、半之助にはなんのお咎めもなかった。

この話を辻弥内がたびたびしていたと小神野は記している。辻は、半之助の年に似合わぬ勇ましさを若い連中に語り伝えようとしたのだろうか。

新井源六の英公に対する気持ちは、忠義というより恋情に近いものだった。英公一人に生涯お仕えするつもりでしたという新井のこだわりは、「二夫《じふ》にまみえず」（夫が死んでも決して再婚はしない）という貞女の意地に通じる。肥田半之助の新井に対する心情も同様だったに違いない。だからこそ英公は、出奔した新井も、かたくなに口を閉ざした半之助も許したのだろう。

◆英公にひとめ惚れした米原惣兵衛

米原惣兵衛《よねはらそうべえ》もまた、英公に恋した家来だった。幕府の旗本だった米原は、屋敷の前を通りかかった英公の姿を見て、ひとめ惚れした。主君として仕えるのは英公をおいていない。そう思い詰めて旗本をやめ、英公に仕官したという。

英公に対する思いは深かったが、小性組に配属されてからの仕事ぶりはさんざんだった。米原は自身の非を認めながら、あらためようとしない。英公の気に障ることばかり言っていた。

ある日、英公は小性頭（米原の上司）の成田内膳《ないぜん》に米原を連れてくるよう命じた。刀を差して床几《しょうぎ》に腰かけ腕まくりして米原を待つ英公の姿を見て、これは手討ちが行われるに違いないと、殿中は大騒ぎになった。

米原もどうやら手討ちになるらしいと察したが、すこしも動じない。成田から英公がお召しだと告げられても、「にこにこ笑ひながら」（原文）、「参ります」と答え、御前に参上した。

英公は刀に手をかけ、臆病者なら瘧《おこり》も落ちるほどの様子で（すさまじい形相でという意味）「惣兵衛、近くに」（「惣兵衛先へ寄《よれ》」）と命じた。さては近づいたところをバッサリ斬ろうとしているに違いない。米原はしかし臆するそぶりも見せず、英公の足元にするすると近づき、首をさし伸べた。「惣兵衛すらすらと御足元迄参り、首を延罷在《のべまかりあり》候」。半之助のときと同じだ。しかし英公は手討ちにするでもなく、「馬鹿め」とも言わなかった。意外にも米原に江戸詰めの徒頭《かちがしら》（「定府《じょうふ》之徒頭」）を命じ、そればかりか手ずから刀を下賜した。米原を召したのは辞令交付のため。英公の威嚇的な形相と様子は、米原の性根を試すパフォーマンスだったのである。

役職を拝命した米原は、藩の重役たちに挨拶廻りもせず自宅にも戻らず（独身で妻子はなかった）、下城した足で船奉行の渡辺大和《やまと》を訪れ、そのまま船で江戸へ向かった。米原は日頃から英公の仰せとあれば、どこであれ直ちに向かう覚悟だった。そんな彼を見て、家中の人々は「誠に君々たり、臣々たり」と感嘆の言葉をもらした。あの殿様にしてこの家来あり、と。

米原惣兵衛は、その後五百石の年寄に昇進。しかし英公が亡くなると、役職も知行も返上して石翁《せきおう》と号し、百人扶持を頂戴して齢《よわい》を重ねたのち、目黒の高松藩邸で往生を遂げた。生涯無妻無子。継嗣《けいし》とする養子もなく、米原が没すると、家は断絶した。

◆家臣たちに「男ぶり」を求めなくなった晩年の英公

元禄六年（一六九三）、七十二歳の英公は、四月と十一月の二度にわたって隠居屋敷に藩士たちを集め、訓示を垂れた。その内容を記録した『大殿様御意之趣覚書』の概略はすでに紹介したので、繰り返さない。ここで注目したいのは、十一月朔日《ついたち》の訓示の次の箇所である。意訳でご覧いただこう。

昔から鑓《やりも》持ち（「道具持」）を召し抱えるときは、若い武士はとかく「一疋《いっぴき》」を第一として採用しがちだ。また道具持ちには髭《ひげ》（鼻の下の口ひげ）がなくてはならぬと、立派な髭をたくわえた男を二倍三倍の禄で召し抱えてしまうが、それは無駄な出費だ。

右は、藩士が鑓持ちを召し抱える際の心得を述べたくだりである。「一疋」は男一匹のイッピキで、この場合は男ぶり（容姿）を意味するようだ。英公は、男ぶりや髭などの外見で鑓持ちを採用する若い藩士たちを戒め、道具持ちに高額の給料を払うのは無駄だと断言している。なぜ無駄なのか。英公は続けて「男ぶりが悪くて立派な髭がない者が持つ鑓は使い物にならないだろうか。そんなことはない。道具持ちは、外見はどうであれ、人並み以上に力持ちで駆け足が達者であればそれでいいのだ」と述べている。原文は「一疋悪敷《あしく》、髭無き男之持たる鑓は不遣《つかわざる》か（中略）惣て《そうじ》道具持は、其一疋は如何様《いかよう》にても、少力量有て、只《ただ》かけ歩き達者成るが能也《よきなり》」。一疋や髭にこだわらない理にかなった選択をというのだ。

さらにこうも述べている。「そもそも道具持ちに持たせる鑓は彼自身が使うのではない。道具持ちの役目は、主人の側を離れず必要なときに主人に鑓を渡すこと。それさえできれば、上々の道具持ちだ」。だから男ぶりの良さも髭も要らない（「男振、髭之入事《いること》は一つも無之《これなし》」）。

英公の言葉には説得力があり、なるほどと頷いてしまう。もっともこれはあくまで七十二歳の英公の考えであって、若い頃はまったく違っていた。かぶきの時代に青年期を過ごした英公は、弟の光圀もそうだったように、過剰な装飾の風俗を好み、道具持ちにも男ぶりの良いマッチョな髭男をひきつれていた。

◆若き日の英公が惚れた、渡辺彦右衛門と八木弥五左衛門の男ぶり

『盛衰記』の世界に戻ろう。

いつのことかさだかでないが、英公が江戸藩邸の物見《ものみ》で外をながめていると、立髪《たてがみ》（月代《さかやき》を剃らず髪を長くのばした髪型）で皮羽織をまとい、桟留《さんとめ》の袴をはいた大男が屋敷に入ってきた。なんてよい男だろう。英公は側にいた坊主に、男がどこに行くか見てくるよう命じた。

男は八木弥五左衛門《やぎやござえもん》の客人だった。八木を呼んで男の素性を尋ねると、八木の古い仲間（「古《こ》傍輩《ほうばい》」）で、渡辺彦右衛門《ひこえもん》という名の渡徒士《わたりかち》だという。

英公が物見の上で渡辺にひとめ惚れしたのは、渡辺が美男子だったからではない。渡辺は美少年でも優男《やさおとこ》でもなく、それとは対照的な「能男《よいおとこ》」だった。英公は渡辺のかぶき者のような男ぶりに心を惹かれたらしい。渡徒士は、仕官先を求めて大名や旗本の家を渡り歩く男たちのこと。待遇次第で何度でも主人をかえる従者で、それだけに自身の身体能力や容貌を磨くのに余念がなかった。

英公は渡辺をぜひ召し抱えたいと思い、八木に取り持つよう伝えた。八木に「最初はお供の従者でも、いずれは取り立てられる（昇進する）」と説得されて、渡辺は仕官を承諾。翌日さっそくお供に従うはずだったのだが……。

月代を剃るように言っても、渡辺は立髪を改めようとせず、どうしてもと言うなら御暇を頂戴したいと答え、髪型にこだわり続けた。それでも八木がさまざまになだめた結果、なんとか月代を剃ったという。

その後、渡辺は英公に従って高松へ行き、鉄炮の技を評価されて五十石を給され、さらに普請奉行の業績を認められて五十石加増。計百石となった。

小神野は渡辺彦右衛門について、こう補足している。「当時は渡徒士でも召し抱えるときは請《うけ》状《じょう》（身元保証書）が必要だった。渡辺の請判状《うけはん》（保証人の判のある文書）が横目部屋に保存されているのを見た覚えがある」。横目に在職していた小神野ならではの証言である。

八木弥五左衛門は、英公が下館《しもだて》藩主になったとき、仕官を求めて来た。渡辺と同じ渡徒士で、男ぶりも良かった（「能男振」）。当時は八木のような男が流行りで、諸大名は金を惜しまず召し抱えていた。八木も難なく仕官できたのであろう。

寛永十九年（一六四二）五月七日、八木は「先供之一番男《さきとも》」として、高松へ向かう英公の行列の先頭に立って江戸を出立した。英公一行を乗せた船は庵治浦《あじうら》（現在の高松市庵治町）に着き、高松城へ向かう途中、八木は初めて讃岐の土地と人を目にした。

八木が最も注意深く観察したのは、地勢や風景でも人々の暮らしぶりでもなく、自分に勝る男がいるかどうかの一点だった。

御坊川《ごぼがわ》のほとりまで来たとき、一行を迎えに来ていた侍の中に、みごとな髭をたくわえた者を発見した。「なんていい男なんだ。俺がどんなに自慢をしても、この男にはかなわない」（「扨能男哉《さてもよきおとこかな》、我等自慢しても此の男には不及《およばず》」）と意気消沈した八木だったが、男が立った姿を見て胸をなでおろした。髭は立派だが身長はせいぜい五尺二、三寸（約百六十センチメートル）ほど。よい男（「能男」）は身の丈も高くなければならない。男の名は梶《かじ》市左衛門全弓だった。

とりあえず安堵したが、大手口で正真正銘の「能男」に出会ってしまう。梶市左衛門より背丈もずっと高く、八木は「とてもかなわない」と再度がっかり。しかし話しかけてみると、返答がほとんど聞き取れない。男は強度の吃音《きつおん》だったのである。男の名は藤川善太夫《ぜんだゆう》。八木はやはり自分以上の男はいないと確信し、のちに三百石取りになった。

以上は梶空隠から直接聞いた話である。小神野はそう記している。

八木の履歴を『消暑漫筆』で補っておこう。八木弥五左衛門、名は正安。下館で召し出され、百五十石の書院番に。高松に国替え後、正保元年（一六四四）に目付となり、万治三年（一六六〇）に奉行職を命じられた。禄三百石。なお八木は慶安三年（一六五〇）にすでに三百石を給されていたことが当時の文書から判明する。

◆小柄だった英公のマッチョ願望

みごとな髭と男ぶりを兼備した大男。英公がそんな男たちを好んだのは、あるいは時代の風潮だけが理由ではないかもしれない。

小神野によれば、英公は小柄な人だった。寛永二十一年（一六四四）、英公は大老土井大炊頭利勝《とし かつ》の女《むすめ》万姫を妻に迎えたが、その後（どれほど後なのかは書かれていない）次のような場面があったという（『讃岐盛衰記』）。

その日、英公は、下乗橋《げじょうばし》から藤堂和泉守と連れ立って登城した。和泉守が六尺余（一メートル八十センチ以上）の長身だったのに対し、英公は「御ちいさく」、並ぶと身長の差が目立った。和泉守は「讃岐殿、貴殿は背が低く、拙者の杖の高さほどしかない」（「讃州、御自分にはせいちいさく、我等《われら》之杖程在之《これあり》」）と英公をからかった。すると英公は「いくら私が小さくても、貴殿の首を切ってその上に乗れば、貴殿くらいの高さになりますよ」と言い返した。

英公の言葉の原文は「さればされば、我等之如くちいさくても、御手前《おてまえ》之首を切て足下《あしもと》にふまへ候ば、せいも御自分程には相成候」。なんとも切れのいい反撃だ。小神野は和泉守に「なぶりまけ」（からかい負け）の判定を下している。藤堂和泉守は伊勢国津藩主の藤堂高次《たかつぐ》（一六〇一―七六）であろう。

どうやら英公は諸大名の間で小さな男として知られていたようだ。だからいっそう、男ぶりが良い大柄な髭男を召し抱え、行列に従えて誇示しようとしたのではないか。自身の小柄な身体をマッチョな従者で補塡《ほてん》しようとしたと言い換えてもいい。

和泉守のからかい（「なぶり」）に倍返しで応じた英公は、婚礼の翌日、近江国彦根藩主の井伊掃部頭直孝《かもんのかみなおたか》とも激しい言葉合戦を演じている。

英公の舅《しゅうと》となった土井利勝は、誰もが認める醜男《ぶおとこ》だった（「至極之無男《ぶおとこ》にて双方《ならぶかた》なき無男に候」）。ところが女《むすめ》たちはみな美人で、とりわけ英公の妻となった万姫は評判の美女だった。そうと知ってか知らずか、井伊は英公をからかった。「結婚おめでとう。土井家は器量よしの家系だから、君の奥方もさぞかし美しいのでしょうね」（「奥方之御気量もさぞさぞ」）。父親があれほど醜男なのだから、女も醜女に違いないと腹の中で笑ったのである。

すると二十三歳の英公は、「まったく血は争えません。兄が馬鹿だと弟も必ず馬鹿になりますから」と言い返した。

井伊直孝の兄は井伊直勝《なおかつ》（初め直継《なおつぐ》）。父直政《なおまさ》を継いで二代藩主になったが、病を理由に弟の直孝に彦根藩主の座を譲り、上野国《こうずけのくに》に三万石を賜り安中《あんなか》藩主となった。病はあくまで名目で、実は藩主の任にたえない「うつけ人」だったという。すくなくとも当時はそう信じられていた。

英公は、舅が醜貌《しゅうぼう》だからその女だって、と奥方を暗に醜女とからかった井伊直孝に「君だって馬鹿な兄さんの弟じゃないか」となぶり返したのである。この言葉合戦の勝敗を、小神野は「掃部頭殿大《おおい》になぶりまけ被申《もうされ》候」と判定している。井伊直孝の完敗だったというのだ。

和泉守や掃部頭とのやりとりについて、中村十竹は「実否《じっぷ》如何《いかが》ありしからず」「力士の我勝《かち》たる事ばかりを語れる類ひならむか」と評している。「何《いず》れ雑話にして見るにたらず」とも。ウソかマコトかわからないうえ、相撲取りの自慢話のような話で、読む価値もないというわけ。したがって『消暑漫筆』に具体的な言葉のやりとりは記載されず、英公が小柄だったこともカットされている。

◆高禄を求める家臣と、駆け引き上手の英公

英公は家臣に対しても言葉合戦の能力を惜しみなく発揮した。讃岐国の前の領主生駒《いこま》家の旧臣で、生駒家改易後、英公に仕官した河合平兵衛とのやりとりはその好例だ。

英公が河合を召し抱えたのは、河合が生駒家中時代に尾池藤左衛門《おいけとうざえもん》と喧嘩（はたし合い）をしたときの喧嘩っぷりが気に入ったからである。一方の尾池は、足利家の血をひく足利玄蕃《げんば》の子であったにもかかわらず、喧嘩の際に棒（「巻棒」）を手にしていたことが、武士らしくないという理由で英公のお気に召さなかったという。喧嘩（私闘）で武術や胆力を見せれば仕官がかなう？　バカバカしい話だが、当時は〝就活〟としての喧嘩が各地で繰り返されていた。戦《いくさ》がない時代に武士としての能力（勇気と殺傷力）を見せつけるためには、命をかけてわたりあう喧嘩が絶好の

機会だったから。

ともあれ河合は三百石で高松藩に迎えられた。生駒家時代は二百石だったので百石の加増である。しかし河合は五百石を要求していたので、三百石では不満だった。それでも仕官に踏み切ったのは、英公がいずれ二百石加増すると約束したからである（「追《おっ》て弐百石は御増可被下《ましくださる》旨御約束にて罷有《まかりあり》候」）。

河合のような浪人や渡徒士が禄（給料）にこだわったのは、その数字が自分に対する評価を手っ取り早く示すからだ。禄に不満があれば、より条件のいい仕官先を探す選択肢もある。彼らにとって仕官とは武士として生活するための手段であり、待遇の悪い主君のために命を投げ出すような滅私奉公は論外だった。だから主君に対して直談判で給料の増額を要求しても、不忠とも破廉恥とも思わなかったのである。

やがて河合は奉行職に昇進したが、二百石加増される気配は一向にない。そうこうするうちにかつての喧嘩相手の尾池は安芸国広島藩に五百石で迎えられ、足利玄蕃と名乗った。自分はまだ三百石。いたたまれない気持ちになったのか、河合は高松を去ることを決意し、永の御暇を願い出た。

英公に理由を問われ、河合は二百石加増の約束が果たされないので、と申し上げた。ここで英公の言葉の力、説得力が発揮された。

「まあ、ちょっと待て」（「先しばらく相待可申《あいまちもうすべし》」）。言葉巧みに河合をなだめ御暇願いを取り下げさせ、子の河合平之丞《へいのじょう》を二百五十石で町奉行に任じた。父子合わせて五百五十石。約束の五百石より五十石多い。河合家は同じ屋敷に父用・子用二つの玄関を設け、父子両人で英公に仕えることになる。

河合平兵衛の賃金闘争で雇い主の英公は譲歩したのだろうか。いや、英公の勘定高さは河合の上を行っていた。その後、河合は老齢を理由に隠居を願い出たが許されず、在職中に亡くなった。『讃岐盛衰記』の原文は「先《まず》相勤候様にと被仰付《おおせつけられ》、勤死に《つとめじに》相果申《あいはてもうし》候」。「もうすこし現役で頑張ってくれ」と慰留され勤め続けるうちに河合は絶命した。「勤死」の語に、死ぬまで隠居を許されなかった酷さを感じるのは読みすぎだろうか。

河合平兵衛が死ぬと三百石は没収され、河合家の禄は子の平之丞の二百五十石だけとなった。『讃岐盛衰記』は英公の真意をこう要約している。「平兵衛御家に罷在候刻《まかりありそうろうきざみ》、五百石と高ぶり申《もうす》に付《つき》、英公にも行々《ゆくゆく》半減の思召にて、いろいろ品を付、兎角弐百五拾石に御《お》引付《ひきつけ》被遊《あそばされ》候」。

英公はあくまで五百石を要求する高慢な河合を陥れようと策をめぐらし、平之丞に二百五十石を給して河合をなだめ、河合の没後その禄を没収することによって、河合家の禄を五百石の半分の二百五十石にした、というわけ。

すべては英公が言葉巧みに河合をはめた結果だった。それは高慢で無礼な河合に対する念入りな復讐劇とも言える。

この話の語り手は、五代目の河合平兵衛だった。彼もまた英公の仕打ちを小神野に暴露することで、初代の無念をわずかながらもはらそうとしたのかもしれない。目には目を。

◆武術をウリに仕官した浪人たちと、中村十竹の猛批判

それぞれ得意とする武術を看板に仕官を求めて来た浪人たちもいる。

竹内流「腰廻り遣ひ」を看板にやってきた竹内藤太夫は、弱冠十七歳。河合平兵衛の肝煎で英公に召し抱えられた。腰廻りの術とは、柔術や捕り手術のことらしい。これらの術に長けていた竹内が、河合の推薦で高松藩に採用されたのだ。

英公は若さいっぱいの竹内に剣術の相手をさせただけでなく、武芸諸流の奥義を習得させ、一刀流の新流を創始した。名付けて御流儀《おりゅうぎ》兵法。竹内家はその後、歴代藩主の師範役を務めた。

明石立左衛門は「棒火矢」の技をもって阿波国《あわのくに》からやって来た。英公に推薦したのは同じく河合平兵衛。処遇をめぐって英公と軋轢《あつれき》を生じた河合だが、すぐれた浪人を斡旋《あっせん》したという意味で貢献度は大きい。

明石の家伝の技は「百目九寸筒にて三十六丁打付候」砲術。百目《もんめ》（三七五グラム）は玉の重さである。しかし明石家の三代目は逐電《ちくでん》すなわち無断で高松藩を立ち去り、その後三代目の弟子で浪人の川田藤助が召し出され、明石流棒火矢の術を継承した。

「五拾目鉄炮頬付抱打」の名人という謳《うた》い文句で加賀から来た木村喜太夫も、英公が技量を確かめたうえで、三百石で召し抱えられた。英公は藩士四十六人を新組と名付けて木村からその術を

学ばせた。

なかには由緒ある浪人もいた。甲州浪人の神保某《なにがし》もそのひとり。信玄や家康の御墨付、秀吉や光秀の感状（戦功に対する賞状）など十七通の文書を持参して仕官を求めた神保を、英公は二百石で召し抱えた。

ところが三代目の神保喜八郎は寛文十三年（一六七三）に喧嘩の傷がもとで亡くなり、家は断絶。五代目の神保は小神野が『盛衰記』執筆当時、寒川《さんがわ》郡長尾村（現在の香川県さぬき市）に住んでいたが、暮らしぶりは乞食同然。先祖伝来の文書を売って命をつなごうとしたが、買う者もなく見苦しさに拍車をかけたと小神野は記している。

落魄《おちぶ》れた名門という点では、ささいなことで池田家を立ち退き英公に仕えることになった梶浦兵七家の場合も似たり寄ったりである。四代目梶浦兵七は、罪を犯して知行を没収されて乱心。座敷牢で亡くなり梶浦家は断絶した。次男の大八《だいはち》は、やはり『盛衰記』執筆当時「ふら〳〵在辺に乞食同前」に暮らしていたという。

中村十竹はどう述べているだろうか。中村が詳細に調査したのは神保某の件である。その結果、小神野の記述を「甚誤れり」「例の虚誕も亦《また》甚し」と痛烈に批判する。間違いも甚だしい、例によってウソが多い、というわけ。中村の調査の結果を要約してみよう。しかしどう要約しても記述は長くなってしまう。微に入り細をうがって訂正かつ補足しているからだ。

第一に神保は甲州の者ではなく、武田家に仕えたこともない。小神野が神保某としているのは神保与惣兵衛《よそべえ》宗茂で、神保家は紀州の出身である。宗茂の伯父の神保相茂は初め太閤に仕えたが、太閤没後、神君（家康）に従い関ケ原で軍功があり、七千石を領した。しかし大坂の役で、元和元年（一六一五）五月七日に討死《うちじに》。弟の神保茂長も四人の子と共に討死した。

宗茂は茂長の五男で、父や兄たちと大坂の役に従軍したが討死をまぬがれ、その後故あって当国（讃岐国）に来て、正保元年（一六四四）に仕官。八人扶持・五十俵で大番に任ぜられた。慶安元年（一六四八）に三百石に加増され、兵大夫と改称。足軽頭を経て寛文元年（一六六一）に致仕《ちし》（退職）。同十三年に八十五歳で病死した。

宗茂の嫡子神保六之丞茂村は、父の致仕と同時に三百石を給されて書院番となり、与惣右衛門と改称。寛文八年にさらに喜八郎と改めた。ところが延宝元年（寛文十三年　一六七三）正月一日、甥の竹村又右衛門に切りつけられ、同十五日に死亡。神保家は断絶した。

長尾村辺で乞食同然の暮らしをしていたのは、茂村の孫の茂之。貧窮にもかかわらず長命で、寛政五年（一七九三）に百一歳で没した。

中村は茂之の貧窮を小神野が「袖乞同前《そでごいどうぜん》」（乞食同然）と書いたことについても、あまりに酷い表現だ（「余りに詞《ことば》のさがなき」）と批判している。貧乏は武士の常。貧しいからといってひどく見下すべきではないというのだ。茂之の子や孫はどうなったか。藩は旧家の末裔という理由で、茂之の子の茂邦に月俸三口（三人扶持）を与え、その子元茂にも同額を給し、元茂は現在も寒川郡長尾村に在住している。

これだけ書けば十分ではないか、と思うのだが、中村は神保家伝来の文書についても訂正せずにはいられなかった。小神野は信玄、神君（家康）から下された文書（御墨付）や太閤（秀吉）と明智光秀の感状など計十七通としているが、これは大きな間違いで、実は左の通りだという。

神君歳暮の内書（献上の礼状）　一通
台徳大君（徳川秀忠）ならびに秀吉公端午《たんご》（端午の節句）の内書　各一通
台徳大君の書　三通
増田右衛門尉（長盛）の感状　三通
太閤（秀吉）の陣触《じんぶれ》の写し　四通
藤堂高虎殿の直書（自筆）　一通

中村は長尾村の神保元茂を訪れ、文書を閲覧したのだろうか。いや、閲覧するだけでなく、みずから書き写したのかもしれない。そう思われるのは、『消暑漫筆』に右のうち家康の内書や秀忠の書状等の模写が載っているからだ。系図や旧記など調べられるものは調べ尽くそうとした中村。そこには歴史を正しく伝えようとする執念すら感じられる。老いの一徹と言ってもいい。

◆水戸藩から送り込まれた重臣、肥田和泉守と彦坂織部の逸事

英公には、別に水戸藩主である父頼房から後見役、監視役として付けられた家臣がいた。家臣といっても英公が自身の判断で召し抱えた者たちとは、あらゆる点で違っていた。小神野の記述から彼らの逸事を拾ってみよう。

肥田《ひだ》和泉守政勝は、頼房から高松行きを命じられると、水戸を離れるのを嫌って隠居。とはいえさすがに主命にさからうわけにはいかず、家督を息子の志摩守に譲って、寛永十九年（一六四二）四月、高六千石（配下の与力・足軽の合力米《ごうりょくまい》とあわせ計一万石）の「御城代《ごじょうだい》英公後見」として高松にやって来た。英公にとっては「殊にやかましき」存在で、目の上の瘤のような重臣だった。

肥田は高松城の西丸に住居を構え、黒鉄《くろがね》門に三十騎の与力を配備して本丸に出入りする者を監視した。本丸に出入りするには、当番の年寄から肥田に「誰々が何々の御用で本丸に参上するので、御門を通すよう」手紙を出さなければならなかった。でなければ誰も本丸に入れない。肥田の監視は徹底していた。

門の出入りについてはこんなことも。鷹狩に出ていた英公の帰城が遅れた。肥田は門で帰りを待っていたが、暮れ六つ（午後六時）が過ぎると門を閉め、門限に遅れた英公主従が門内に入るのを拒んだ。結局、英公主従は肥田が西丸に帰ったのち門を通過することができた。以後、英公は門限を守るようになったと小神野は記している。

たとえ主君であっても門限に遅れたら通さない。江戸前期の諫臣《かんしん》によくある話だが、肥田は英公の後見で城代だったから、このくらいは朝飯前（時刻的には夕食前か）だったかもしれない。

肥田が承応三年（一六五四）八月に九十余歳で病死すると、一万石は召し上げられ、三十騎の与力は水戸の志摩守のもとに戻された。

彦坂《ひこさか》織部玄年は、肥田政勝にもまして逸事に富む重臣である。父の玄隆は英公が下館藩主になったとき、頼房から家老として付けられ、高松に移ってからは大老を務めた。

彦坂もまた父の跡を継いで大老となった。彦坂の妻は、頼房の女《むすめ》で英公の養女となった「お為《ため》様」である。『高松藩祖　松平頼重伝』付録の「頼重公子女の系譜」に多阿姫とある女性で、寛文六年（一六六六）二月に英公の養女として水戸から迎えられ、同年四月二十七日に彦坂の妻になった。

父は水戸藩主で養父は高松藩主という彼女が、重臣とはいえ家臣の彦坂に嫁いだのである。夫婦間に軋轢《あつれき》を生じるのに時間はかからなかった。輿《こし》入れの夜（結婚初夜）、新郎が盥《たらい》の湯で足を洗うよう求めたが新婦は拒否。翌朝、夫の言いつけに背くような女は妻にできぬと、彦坂は早くも（早すぎる）離縁を宣告した。さすがにこれは放っておけない。英公は新婦を叱りつけ、早々に彦坂と復縁させた。以後、「お為様」は夫にけっして無礼な物言いはせず、機嫌もうかがうようになったと小神野は記している（「其後は決て無礼之事は不申懸《もうしかけず》、一応気色《きしょく》を申《もうし》て見候由」）。

彦坂は高六千石だったが、長男次男とも亡くし、夫婦だけの生活で暮らし向きは裕福だった。加えて政務に私《わたくし》なく、家中《かちゅう》の誰とも心やすい間柄だった彼の宅には、年頭に年寄以下家中の面々が夜の明けぬうちから新年の挨拶に訪れた。家中の者が揃うと、彦坂は祝いの言葉を述べ、「さあ、皆さんご一緒に参りましょう」（「いさや各《おのおの》御同道可申《もうすべし》」）と、一同をひきいて登城し、英公に年頭の拝謁をしたという。

趣味は射的で、大矢場を設け、毎日家中の若者を集めて射的を行わせた。彦坂の宅には弓師、矢師などが詰めていたので、誰でも無料で弓や矢を手に入れることができた。それればかりか、矢場では料理まで供された。

料理といえば、彦坂は毎日一汁一菜の朝食を五十人前用意し、登城する者たちにふるまった。毎朝六つ時（午前六時）になると大脇差をさした彦坂が表門に姿を見せ、五つ時（午前八時）まで居続けた。登城する当番の者たちが通りかかると、「まだ朝飯も食べていないでしょう」と招き入れ、用意した朝食を食べさせた。そのため、なかにはいつも彦坂宅で朝飯をすませるけしからぬ連中（「わやく者」）もいたとか。

早朝は、彦坂にとっては重大な会議のときでもあった。内密の御用がある場合、中門前の大腰《おおこし》掛下馬《かけげば》に彦坂はじめ藩の重役が集まり、立ちながら密談をかわしたというのである。

なぜそんな場所で。理由はこの方が密談の内容が漏れにくかったから。小神野は、この結果、政務に関する情報漏洩《ろうえい》がなかったとしている（「御政務事一切洩聞《もれきこえ》候事無之由《これなきよし》」）。将軍と密談する際は座敷の襖を開け放ったという江戸城の話（大谷木《おおや》醇堂《ぎじゅんどう》『醇堂叢稿』）とも通じる。締め切った密室はかえって盗聴されやすいと判断したのだろう。彦坂玄年は、貞享四年（一六八七）九月没。

継嗣のない彦坂家は断絶し、「お為様」こと多阿姫は翌年九月に水戸に帰った。

◆お手討になった女中と、英公の悔恨

最後に高松城で仕えた女中の悲話にも触れておきたい。

英公が城内の庭を散策していたとき、女の手紙が落ちているのが目に入った。手紙の文面は「見合《みあわせ》候て御城え火を付可申《つけもうすべく》候、其まぎれに御城を出《いで》可申候まゝ、早々大手迄御《お》出可被成《いでなさるべく》候、御同道にて立退可申《たちのきもうすべく》候、かしこ」。「お城に火をつけ、騒ぎにまぎれて抜け出しますから、大手で待っていてください。一緒にこの地を立ち退きましょう」というのだ。恋する男と逃避行を企てた女の秘密の手紙がなぜか庭に落ちていたのである。当然ながら、宛名も差し出し人の名も書かれていなかった。

手紙を袂《たもと》に入れて持ち帰った英公は、犯人さがしを試みる。手跡を見たいという口実で、女中たちに字を書かせた彼は、手紙と同じ筆跡の女中を見つけると、取り調べもせず即座に手討ちにした（「御《ご》詮議《せんぎ》なしに与風《ふと》御手討に被遊候」）。英公みずから女中の身体に刀を振り下ろしたのである。

女中の死骸は城内奥の松の木の下に埋められ、事は内々に処理された。女中は高松領内の者ではなく、他国から来た「渡り者」だという。この事件がいつ起きたのかは、女中の名と共に不明である。

ところで小神野がこの一件を記録したのは、英公の冷酷非情な一面を強調するためではない。

むしろ話の重点は、英公の深い悔恨にあった。隠居後、英公は十分な吟味もなく女中を殺してしまったのを、有馬大学の一件で三人の家臣を切腹させたこととあわせて、わが身の過ちと認め、御山屋敷に彼女の菩提のため仏像を建てたのである。

小神野はこの話を父親から何度も聞かされていた（「我等の父、度々物語にて御座候」）。死骸を松の下に埋めたのは、山口五郎右衛門が伝え聞いていたと記している。

中村十竹の見解は。―名のない手紙はおかしいし、死骸を城内に埋めるのもありえない。内容は疑わしく（「不審なり」）、総じて信じがたい―。これに対する著者の感想は。―駈け落ちの段取りを書いた秘密の手紙に、宛名や差出人の名を書くだろうか。死骸を城内の一角にひっそり埋めたとしてもおかしくないのでは（彼女が他国から来た身であれば、なおさら）―。小神野の記述に中村が抱いた疑わしさ（不審）は感じられない。

第七章

名君・頼常の後姿《うしろすがた》

◆節公の家臣イジメの真意

英公と個性的な家臣たち。しかし『盛衰記』に登場する数多の人物のなかで最も個性的な人といえば、節公の右に出る者はない。すくなくとも著者にはそう思える。節公こと高松藩二代藩主松平頼常の性格はどのように特異だったのか。以下、窮迫した藩財政をみごと立て直し名君と称えられた（まぎれもない名君だ）彼の独特な人柄に光を当ててみよう。照明の光源は言うまでもなく『盛衰記』である。

照明役としての小神野が秀逸なのは、対象の正面だけでなく側面や裏面も照らし出したこと。お蔭で私たちは、名君の横顔や後姿《うしろすがた》さえのぞき見ることができるのだ。

節公は頭脳明晰《めいせき》な殿様だった。明晰さは熊田助左衛門の屋敷近くで起きた火災を、上田喜兵衛が消しとめたときも存分に発揮された。鎮火後、熊田から「上田のはたらきで屋敷は消失をまぬがれました。ぜひ上田にご褒美を」と願いが出されたのに対して、節公はこう答えた。「なるほど。では褒美に閉門を免じてやろう」。

御意を解しかねている熊田に、節公は理由を説明した。「上田には出火の際の持ち場があるはずだ。持ち場に行かず、お前の屋敷に火が廻らないようにはたらいたのは、羽ぶりのよいお前にへつらう気持ちからだろう。贈賄に等しいふるまいではないか。持ち場をはずせば閉門がふさわしい。しかしお前が褒美を願うので、褒美として閉門を免じるのだ」。熊田が面目を失ったのは言うまでもない。

節公の判断はたしかに理にかなっている。とはいえ、熊田にかぎらず家臣たちは御意にとまどうことがすくなくなかった。しかも羽振りのよい出頭人《しゅっとうにん》（主君のおぼえめでたい家臣・出世頭）ほどいびられたと小神野は記している。だから「出頭人も中々御上《おかみ》を恐入《おそれいり》、我儘《わがまま》之事は出来不申《もうさず》」。節公の反応を恐れ気ままな言動を自制せざるをえなかったというのだ。重臣といえども恐れたに違いない。節公は家臣操縦法にも長けていた。これまた名君の証である。

しかし先に紹介した谷将監に対する冷酷な態度からもうかがえるように、節公には法令厳守、家臣操縦法といったありきたりな言葉だけでは説明しきれない思惑があったようである。

節公のいくぶん嗜虐的な反応の〝犠牲〟になったのは、谷と熊田（そして上田も）だけではない。出頭人で羽ぶりがよかった永松《ながまつ》五郎左衛門は、さらに屈辱的な仕打ちに耐えなければならなかった。

ある日、永松は節公から拝領したと称する羽織を着て御前に参上した。主家の紋が付いた萌黄《もえぎ》色（黄色がかった緑色）の絽《ろ》の羽織である。永松は得意満面。あるいは誇らかな表情を押し殺していたかもしれない。

ところが永松の姿を見るなり、節公は「その羽織を脱げ」と命じた。いったいなぜ。永松が汗（冷や汗か）を流しながら脱いでさし出すと、節公は羽織を手に取って、「自分はこのような羽織を着用したことはないいし、お前に下賜した覚えもない」と言う。なんと、永松がこの羽織を頂戴したというのは真っ赤なウソだと断言したのである。

永松は動揺すると同時に、続いて起こる事態を直ちに思い描いたに違いない。

節公の反応は、しかし永松の想像以上のものだった。『盛衰記』の原文は「御小刀にて五つ所之御紋御切抜《きりぬき》、紋は我之紋なり、羽織は其方《そのほう》羽織也とて御紋計《ばかり》御取被遊《あそばされ》、羽織は五郎左衛門に御投返《なげかえ》し被遊候」。節公は羽織の背と両胸、両袖裏の五ヶ所にある家紋を小刀で切り抜き、羽織だけ永松に投げ返したというのだ。紋を切り抜いたのは、紋は当松平家のものという理屈から。たとえ羽織がニセの拝領品だったとしても、あんまりな仕打ちではないか。永松は後日「一生の不覚で、このときほど困ったことはない」と人に語ったという。

中村の感想が気になる。中村は、名君の節公がかりにも取り立てたほどの家臣が、このような粗忽《そこつ》をはたらくはずはないと言い、小神野の記述はおおかたウソだろう（「先《まず》は虚談と見えたり」）と評している。なかんずく長松五郎左衛門（『消暑漫筆』では永松は長松と書かれている）の場合、本当にこのような仕打ちを受ければ、面目を失う程度では済まなかったはずだ、とも。

中村はこう推測する。「光端此二人に何ぞ恨める事ありて、かく記せるにやと思はるゝなり」。小神野は熊田助左衛門と永松（長松）五郎左衛門になんらかの遺恨があって、ふたりを貶《おとし》めるためにフィクションをでっち上げたというのだ。

この推測はいかがなものか。たしかに通常の家臣であれば、紋を切り抜かれた羽織を投げつけられれば、顔面蒼白《そうはく》で凍りつき切腹を覚悟したはずだ。しかし熊田にはさほどショックを受けた様子はない。

羽ぶりのよい出頭人というからには、熊田も永松も節公が取り立てたお気に入りだったに違いない。彼らに対する節公の冷酷とも思える仕打ちは、裏返せば、何を言っても怨みを抱かないと信頼していたからではないか。著者には、節公の仕打ちは気心が知れた仲良し主従の〝いじめごっこ〟のようなものだったと思えてならない。

◆小者と狩猟を楽しむ、奇人・節公

かぎられた寵臣《ちょうしん》を相手に、とても名君とは思えないような言動を示した節公。彼は奥女中たちの前でも子どもっぽいふるまいを見せて憚らなかった。

節公が召し使う女中は年若な者ばかりだった。理由は三十を過ぎたら早く嫁がせてやりたいという「御慈悲」から。「結婚には適齢期がある。いつまでも奥勤めをさせていたら生涯独身で終わってしまうかもしれない」と、彼女たちの将来に配慮したというのである。

はたしてその通りなのか。それとも齢《よわい》を重ねた奥女中がいると自由にふるまえないと思ったのか。その辺の真相はあきらかでない。

いずれにしろ節公の奥向《おくむき》は若い（三十歳未満の）女中ばかり。おのずと従順で節公の行動に歯止めをかけるような小うるさい女性はいなかった。そんな「奥」の領域で、節公は、政務を行う「表」の領域では決して見せない顔を見せた。『盛衰記』曰く。「御奥にては表と違ひ、殊の外御和《やわ》らぎ被遊」。存分にくつろいでいたというのだ。

ただ、そのくつろぎかたがいかにも子どもっぽかった。なにしろいつも座敷を走りまわっていたというのだから（「常々御座敷之内を御走り被遊候」）。

なかでも野合《のあわせ》（野山をめぐって狩猟をすること）に出かけ、日暮れに城に戻ったときは、必ず十町、つまり一キロメートル以上も走ったとか。いったいなぜ。小神野はなにかお考えがあったのではと憶測し、『節公事蹟』は野合について「全《まったく》御遊楽《ゆうらく》の御殺生《せっしょう》にては無之《これなく》、下民之情も御探知之思召にて可有之《これあるべし》と申伝《もうしつたえ》候」と記している。それはたんなる気晴らしでも遊びのための狩猟でもなく、下々の暮らしぶりをお忍びで視察する手段だったという、わけ。

同書は節公の野合の様子も紹介している。

従う人数は、近習に医師と茶坊主を合わせ十四、五人。昼食は百姓家を借りて持参した弁当をひらく（もちろん場所を提供した家には相応の金銭が与えられた）。立ち寄るのはいつも貧しい民家で、休憩かたがた「年貢はもう納めたか。世情はどうか。役人たちは……」と近習に尋ねさせた。尋ねる相手は貧家の女たち。彼女たちはウソも遠慮もなく実情をありのまま語るからである。

たしかに野合は民情視察の機会だったかもしれない。しかしそれにもまして、節公にとってはやはり気晴らしのためだったのではないだろうか。そう思うのは、節公が野合の際に常識では考えられないような奇行を演じているからだ。まるで常日頃の鬱屈を一気に拭い落とそうとするかのように。

節公は野合のたびに三右衛門《さんえもん》という名の正直者の「小使」を従えた。小使がどのような役を務めたのか、いまひとつさだかでないが、藩士の数に入らない小者《こもの》だったことは疑いない。殿様と小者。ともあれ三右衛門は格別のお気に入りで、野合に欠かせない重要な従者だった。『盛衰記』には「御野合出頭《しゅっとう》」と記されている。野合専門の出頭人（お気に入り）という意味だろう。『盛衰記』は節公と三右衛門のやりとりをいきいきと伝えている。

日暮れ前になると、三右衛門は「さあさあ、いつもの通り追いつき、走るぞ走るぞ」と声を出し、節公が走りだすと「それそれ、走るは走るは」（原文）と叫びながらお供をした。あるとき節公が御林で鴻《ひしくい》を撃ち落とした。鴻が落ちたのは険阻な山の中。それでも節公に命じられると、三右衛門は岩山を駆け上がり、必死に抵抗する鴻の嘴《くちばし》を引き裂き、肩に担いで山を走り下った。節公はそれを見てたいそうご機嫌だった。

◆「腑分け」見物とカニバリズムごっこ

節公と三右衛門は、野合以外でも血なまぐさい場面を繰り広げた。それは処刑された罪人の死骸が、節公の希望で解剖された（「骸《むくろ》を御解《とか》せ御覧被遊候」）ときのことである。執刀者は三右衛門。解剖は三右衛門が死骸を切り開き、藩の医師たちが節公に解説するという手順で行われた。

解剖が実施された年月日は記されていないが、節公が没した宝永《ほうえい》元年（一七〇四）より前であるのは言うまでもない。かりに宝永元年だとしても、前野良沢や杉田玄白らが江戸で処刑死体の解剖（腑分け）に立ち会った明和八年（一七七一）より六十七年も前で、山脇東洋《やまわきとうよう》が京都で解剖を観察した宝暦四年（一七五四）と比べても五十年早い。その意味では、日本医学史上、記念すべき解剖と言える。

香川県は郷土で行われたこの歴史的解剖を大いに誇るべきだし、解剖に立ち会って医師に解説させた節公は、知的好奇心あふれる名君としていっそう称えられなければならない。

しかし残念ながらこのときの解剖は、郷土の誇りとみなされることはなく、節公が科学的名君と称えられるのも難しいだろう。なぜか。節公と三右衛門のコンビが誇りも称賛もすべてぶちこわしてしまったからだ。

解剖の最中、なにを思ったのか節公は三右衛門に「一切《ひときれ》喰へ」と言葉をかけた。そう、死骸の肉を一切れ食ってみろと命じたのである。この一言で、賞賛すべき先駆的解剖は一瞬にして忌まわしいカニバリズムの話と化してしまった。その場の光景を思い描けば、節公は命じたのではなく、三右衛門をからかっただけなのかもしれない。それにしても。

節公のまさかの発言。いや、まさかと思うのはふたりの日頃のやりとりを知らない第三者の感想で、三右衛門は主人のこのような言葉に慣れていたようである。

その証拠に三右衛門は、絶句するどころか死骸から肉片を切り取って、「先づ御前上《ごぜんあが》りませ」

（まずは殿様から召し上がれ）と小包丁に刺して節公に突き出した。主人に対してこれほどの無礼があるだろうか。

ところが節公は怒りもせず「馬鹿め」の一言で済ませたという。「馬鹿め」とは、主君が心安い家来に対して用いた、親しみあふれる罵倒の言葉にほかならない。

高松藩主である節公が、小者を相手によりによって罪人の死肉を喰えの喰わぬのと言葉を交わしただって？　中村十竹は激怒し思いつくかぎりの罵言を小神野に浴びせ、真っ赤なウソだと否定したに違いない。著者ばかりでなく読者もそう予想するはずだ。

ところがそうではなかった。意外にも中村は小神野が記した節公のもうひとつの話（後述の節公の金箱）とあわせて、「右両条、委細はしらねども実記なるにや」と記している。詳細は承知していないが、おそらく事実だろうと。続いて「暫存《しばらくぞん》してこゝに記し置《おき》ぬ」とも。とりあえず荒唐《こうとう》無稽《むけい》な話として削除しないことにしたというのである。

三右衛門について、小神野はこんな話も伝えている。

舞台は御林の堀。三右衛門を堀で泳がせて見物していた節公は、瓜やスイカを投げ入れて三右衛門に食べさせた。水面で巧みに受け取って食べる三右衛門。それを見た節公は、今度は鰹節を投じて「喰へ」と命じた。ところが鰹節は水底に没し、ようやく担ぎ上げて口に入れたが、硬くてとても食べられない。三右衛門は「こんなの食えるか」と節公に投げ返した。

万一節公の顔面に当たったらどうするのか。しかしこのときも節公は「馬鹿め」と言うだけで、ことさら三右衛門を咎めなかったという。小神野は「無類之御気合との事に御座候由」と話を結んでいる。節公と三右衛門の意気投合すること、他に比べるものがないというのだ。

小神野はまた、節公に近侍していた岡田芳庵が、同様の場面をたびたび目撃したと、小神野が聞き取りに訪れるたびに語ったと記している。「岡田芳庵、我等毎度毎度見也、毎度噺《はなし》にて御座候」。節公と三右衛門のやりとりは、岡田にとっても衝撃的だったに違いない。「毎度毎度」と繰り返したのは、「信じられないことですが、いつも、いつも本当にそうだったのです」という気持ちからだろう。

◆お気に入りは変人奇人か〝足りない人〟ばかり

岡田芳庵は、山田長浮、大村兵蔵、山田官兵衛らと共に節公のお気に入り（「出頭仕《つかまつり》候者」）だった。しかしこの四人、家臣の間ではあまり評判がよくなかったようで、小神野も四人を「そげもの」「たわけ者」と評している。「そげもの」は「削者」で、変人奇人の罵称。つまり御側に仕えていたのは、変わり者や愚か者ばかりで、御伽衆《おとぎしゅう》も知恵や配慮の足らない者ばかりだった（「たらぬ人計《ばかり》」）というのだ。

よりによって、なぜそのような連中を集めたのか。小神野によれば、彼らには「善悪正直にまつすぐに申述《もうしのべ》」という共通点があった。節公は、ずけずけものを言う「正直者」で野人のような三右衛門に心を許したように、言葉を飾らず忖度もせず、思ったままを話す家臣を側に集めた。

なによりお追従《ついしょう》や嘘を嫌ったのである。
その一方で、節公はお気に入り以外の家臣に対しては異様なほど冷淡だった。言葉を発せず表情すら変えないことも。

節公が声を出して家臣を召すことは稀で、用があるときは、その者の顔をご覧になった。目が合った者がお側に伺候《しこう》すると、用向を仰せつけるのである。伺《うかがい》の裁可を仰いでも、気に入らなければなにもおっしゃらず、思し召しにかなったときでも、「その通り」とおっしゃるだけだった。

節公の表情を熟視していないと御用を承れず、耳を澄ましていないと伺の諾否が判断できない。家臣たちはさぞ神経をすり減らしたに違いない。

小神野の父、永瀧助六もそのひとりだった。節公に従い江戸へ向かう途次、目付だった永瀧は、大井川の川端で節公の駕籠が止まっているのを見て、「御駕籠が川越えをなさったあとで、供の一行が川越えするようにいたしましょうか」と伺ったが、節公はなんの御意（返答）もなく、笹の葉でハエを払っていた。

しばらくして節公は駕籠から顔をのぞかせ、永瀧の顔をつくづくご覧になった。なにか御用があるサインだ。永瀧は即座に駕籠脇に参上した。ところが節公は眠りに落ちているではないか。

同様のことが二度三度繰り返された。さすがに焦《じ》れた永瀧が「先に供の衆に川越えさせ、御駕籠はあとにいたしましょうか」と伺うと、節公はご機嫌になり、「其通りにて能《よく》御座候ふ」（それがいい）と仰せられたとか。結局それが節公の御意（希望）で、御意と異なる提案を何度伺っても、寝たふりをされてしまったのである。

　用件を申し付けるときは家来の顔を見るだけ。御意にかなわない伺は寝たふりで無視。本当に寝ていたのだとすればバカ殿だが、寝たふりならば、まだしも根性悪の名君と言える。それにしても困った殿様ではないか。江戸藩邸でも同様だったというから、まったく家臣泣かせだ。

　例によって中村十竹の指摘に耳を傾けよう。

　中村は、節公が普段寡黙だったと認めたうえで（「節公平生御意少《すくな》きと云《いう》は爰《ここ》にいへる如くなるべし」）、永瀧が川越えの後先《あとさき》を伺った件については「不審なり」（疑わしい）としている。節公の駕籠とお供の一行のどちらを先に川越えさせるかは、混乱が生じないように前々から決まっているはずだというのだ（「是《これ》は夫《それ》より以前に混雑せぬやうに極《きま》りてある事なり」）。

　節公のお気に入りは「そげもの」「たらぬ人」ばかりという評価に対しても、「途方もなき事をいへるものなり」（とんでもない発言だ）、「公へ対して失敬千万」（失礼極まりない）と怒りをあらわにしている。

　中村曰く。―節公は七条宗貞・潤身父子、菊地舎人、岡井郡大夫など世評の高い人々を高禄で召し抱え、平生左右に侍らせて御伽を仰せつけられた。当時の「執政おとなの人々」（藩の重役）

にもついても、賢くまめやかな人が多かった――。

近火に駆けつけた上田喜兵衛に御褒美を願って面目を失ったあの熊田助左衛門についても、「御名将のかく召つかはるゝ人なれば、中々並々の人にてはなかりしよし」と。節公のような名将（名君）が用いた家臣が凡庸なはずがないというのである。

◆財政再建を果たしたマニアックな節約精神

いずれにしろ節公が名君だった事実に変わりはない。すでに述べたように、危機的な藩財政を立て直すためみずから率先して倹約に努め、緊縮政策によって十三万両も貯蓄した。しかもそれほどの緊縮を断行しながら、家臣たちは高の四割（「四つ物成《ものなり》」）の取り分を保ち、家計に大きなダメージを与えなかった。京大坂の商人からの借金も完済したという。

並みの殿様ではない。小神野が節公の治世を「前代未聞」と評したのも頷ける。貯えた十三万両は、高松城本丸内に設けた三間梁に五間の金蔵に収納された。

財政再建に天才的な手腕を発揮した名君。しかしここでも、彼の偏執的な性格がはたらいたように思われる。小神野もまた同様の印象を抱いたのではないだろうか。節公の節約癖についての逸事をいくつも記している。話が細かすぎて読者は退屈されるかもしれない。しかし些細な話にこそオーラル・ヒストリーの本領が発揮される。少々退屈でもお付き合いいただこう。

政務に余念がなかった節公は、家臣に自身で指示を与える機会も多く、作成される文書の量も多かった。

藩主から下される文書だから、さぞかし上質の紙が用いられたはずと思うだろうが、さにあらず。節公は新しい紙を用いず、封紙の切れ（封書を包んでいた紙の切れ）や紙の端切ればかり用いていた。

藩主の威光にとらわれず、使用済みの紙を日々用いて紙を節約していたというのである。もっともたとえ紙の切れ端に書かれたものであっても、節公の上意は上質の紙に書かれたもの以上の重みを持っていたのだろうが。

右はたしかに名君にふさわしいエピソードと言える。では次の話はどうか。同じ節約でも、すこしみみっちくないか。

節公は甘党だったので、御台所から日々生菓子をさし上げていた。生菓子には毎回楊枝一本が添えられていた。

三十日が経つと、節公は三十本の楊枝を一括りにして渡し、来月もこの楊枝を用いるように命じた。かくして節公が亡くなるまで、楊枝は三十本で済んだという。

小神野は「少き事もケ様《かよう》に御費を御いとゐ被遊候事」(『讃岐盛衰記』)と節公を称賛している。わずかなことでも無駄を省いたというのだが、三十本の楊枝を使いまわしたところで、どれほど冗費節減になるのか。殿様のパフォーマンスだったとしても、やはり変わっている。

お菓子にまつわる話にはこんなものも。

節公は実験精神に富んでいた。ある日、江戸藩邸に塩瀬饅頭《しおぜまんじゅう》が献上された。節公は饅頭を四、五個、袋棚に入れ、十五、六日ほど経ったら、蒸し直して持ってくるように命じた。御側の人々は、びっくり。「なにもそこまでケチに徹しなくても」。わざわざ賞味期限が過ぎた饅頭を蒸し直して食するなど、殿さまにあるまじき吝嗇《けち》なふるまいと感じたのである。所定の日数が過ぎて、蒸し直した塩瀬饅頭を試食した節公は、風味が変わっていないのを確かめると、塩瀬饅頭(これは出来立て)を入念に折り詰めにして、飛脚で高松の親量院のもとに送らせた。

親量院は徳川光圀の側室で、節公の生母。元禄七年(一六九四)に節公の希望で、光圀の許しを得て高松に迎えられた。

つまり右は元禄七年(節公四十三歳)以降のこと。節公は愛する生母に江戸名物の塩瀬饅頭を送り届ける前に、日数が経っても風味が保たれるかどうか自身の舌で確かめたのである。

次は砂糖をめぐる話。

節公は毎日食後に生菓子を賞味していたが、ある日、砂糖の味加減がよくないと不満を述べた。その後も毎日のように砂糖の味がしっくりこないと言う。御用達の菓子屋はさまざまな砂糖で製菓を試みたが、節公は満足しなかった。

ところが最後に黒砂糖だけ使った生菓子をさし上げたところ、たいそうお気に入りだったので、それからは黒砂糖だけで菓子を製するようになった。

黒砂糖は白砂糖と比べて安価。節公は節約のひとつとしてみずからの食後の生菓子を改革したのである。

この話を小神野に語ったのは榎本善右衛門だが、榎本は節公を手放しで讃えたわけではなく、「如何《いか》様《さま》六《む》ケ《ず》敷《かし》殿《き》様」(『讃岐盛衰記』)と言い添えたとか。「まったく、なにかと面倒な殿様でした」というわけ。

それでも、身を切る思いで大好きな生菓子の〝改革〟に踏み切った節公の決断は称賛に値する。身を切る節約の対象になったのは、紙と楊枝と砂糖だけではない。くどいようだがもう一話。

ある日、節公は朝食に出された小鯛の焼き物にすこしだけ箸をつけた。御膳は下げられ、長年の慣行に従って小鯛の焼き物は捨てられた。

ところが夕食のとき、節公は、今朝箸をつけた小鯛を出すよう命じた。「もう捨てました」と申し上げると、節公は当番の包丁人の名を尋ねた。当番だった津田新八は、以後、御膳の料理人から外された。

例によって節公は津田を外した理由をあきらかにしなかったが、御側や御台所の人々は、ただちに理由を察知した。箸をつけただけの魚を（まだ食べられるのに）捨てたから。これを機に御膳の料理は捨てられないようになり、御台所の費用も節減されたという。

さいわい津田は三年後に許され、再び御膳の料理を調理するようになる。ある夜、津田は節公の前で包丁の技を披露するよう命じられた。小神野はそのときの様子を料理のレシピとあわせて記している。

節公の前に大鍋を掛け、刺身状にした雁《かり》の肉を味噌で煮上げる。

丸ごと皮をむいた大根を二十本ほど用意し、左手に二本ずつ持ち、右手に持った薄刃包丁で「さっ、さっ」と刻んで鍋の中へ。どれも紙のような薄さで、形も一様な大根が、まるで雪が舞い降りるように鍋の中に吸い込まれた。

見事な技に感嘆した節公は、さっそく鍋から椀に盛って御側の人々にふるまった。そして最後に大椀に大根汁を盛り付けて「新八もそこで食え」（「新八、己《おの》れも夫《それ》にて喰《くえ》」）と津田に下されたという。なぜ大椀だったのか。大椀の中身は雁の肉と大根だけではなかった。節公に「其鳥肉には骨があるぞ」と言われ、大椀の中を見ると、椀の底には鳥の骨ではなく、金三分《さんぶ》（金四分で金一両）が。

小神野はこの話を津田新八本人から聞いたという。節公には粋で心やさしい面もあったというのである。

◆教育者にして、人情家

逸事の紹介を続けよう。前述のように節公は明快な言葉で指示しなくても家臣が意中を察することを求めた。次もそんな話だ。

小夫《おぶ》五郎四郎の印形（判）は安物で、刻まれた文字も粗雑で大きかった。このため封印に用いても役に立たない。開封しても封印が合ってしまうので、開封したかどうかわからなかったからだ。

節公は、小夫から提出された封印状に限って、開封後、わざと封印を合わせて下げ渡した。同様のことが繰り返されたので、小夫は（もっとましな印形を押してこい）という節公の意向を察知した。そこで極細で複雑な字体の文字を刻んだ印形を新調し、文書に封印して差し上げたところ、今度は封印を合わされずに下げ渡された。それだけではない。小夫に下げ渡された文書には、節公の自筆で「よしよし」（「尤《もっとも》」）と書き添えられていたという。

節公が一言命じれば、小夫は即座に印形を作り替えたに違いない。そうと承知で節公は何度も開封した文書の封印を合わせ直して下げ渡したのである。手間を惜しまず本人が気づくまで気長に待つ。節公には教育者の資質もあったのだろうか。とはいえ藩主としてはやはり変わっている。小夫も小神野に「恐ろしい殿様でした」（「恐敷《おそろしき》殿様也」）と度々こぼしたという。

中村十竹の補足。――小夫五郎四郎は、『消暑漫筆』執筆当時存命していた小夫数太の高祖父（祖父の祖父）で、元禄十三年（一七〇〇）に目付に任ぜられた――。

玉木五左衛門が小神野に語った感動的な話からは、節公の情の深さが感じられる。

五左衛門の父の玉木彦四郎は、湿毒《しつどく》（梅毒）のため鼻が欠けていた。鼻が落ちた者が殿様のお供を務めるのは見苦しい。ましてや江戸で駕籠脇に従わせるなどありえない。そんな評判を耳にした玉木は、もはやこれまでと永の暇を願い出たのだが……。節公はこれを許さず、彦四郎に野合の供を命じた。

ある日、鷹狩のため御坊川の畔《ほとり》で駕籠から降りた節公は、平伏する玉木に「彦四郎よ、久しく煩《わずら》っていたそうだが、やつれた様子もなく、若々しく元気そうではないか」と言葉をかけた。

言葉だけでなく、節公は右の手で玉木の顔面を二度三度と撫ぜた。病で鼻が落ちた顔を、忌み嫌う様子も見せずに撫ぜさすった。

玉木は感激のあまり涙を流し、この日を境に家中の間で〝玉木の鼻〟が話題に上ることはなかったという。

鼻が落ちた顔を撫ぜた効果は他にも及んだ。村上八郎左衛門は、湿瘡《しっそう》を病んだ乳母の乳で育ったため悪瘡が顔面に発し、鼻も欠けていた。このような八郎左衛門に村上家を継がせてよいものか。しかし評議の際に節公が玉木の顔面を撫ぜた事実が考慮され、家督継承が認められたのである。

村上八郎左衛門はのちに御門番頭に昇進し、人々は「勤功は容貌とは関係ない」と取りざたした。まぎれもない節公効果だった。

◆お忍びで茶屋遊びと廓通い。そして女性の趣味

ある男の気質や人間性を論じるとき、彼がどのような女に魅かれたかに注目するのもひとつの

方法である。そもそも女好きであったか否かも重要なポイントだろう。節公の場合はどうだったか。

節公が女嫌いでなかったのは確かだ。慶安《けいあん》三年（一六五〇）に英公が高松城下旅籠町を茶屋町と呼ばせて遊女屋の営業を認めて以来、茶屋町天神境内の遊女の置屋《おきや》（茶屋）は、高松家中や町方の男たちの遊興の場となっていた。節公もまた遊びの欲求を抑えがたく、岡田芳庵ひとりを従えてお忍びで通った。岡田は小提灯を提げてお供をした。

遊び終えて城に帰るのは真夜中で、途中、七条宗貞という者の宅で、「さわさわ豆腐」（おぼろ豆腐のようなもの）に鰹節をかけた茶漬けで夜食を取るのが恒例になっていた。

享楽的でそれにもまして危険な節公のふるまいは、当然、心ある家臣たちの顰蹙《ひんしゅく》を買った。惣領組の西尾万右衛門は、居ても立ってもいられず、実力行使に出た。節公が茶屋の座敷に入るたびに、隣座敷から「隣の客に会わせろ」など荒々しく叫んだ。こんな邪魔が入ると、さすがに節公もその日は遊興をあきらめざるをえなかった。節公は乱暴者の正体が西尾であると知っていたが、特に咎めなかったという。

西尾はのちに浪人して刃楽と称し、小神野に心置きなく往時を語った。小神野は西尾の人柄を「替りたる人物にも無之《これなし》」と記している。ごく常識的な人だったというのだ。殿様に口論を仕掛けたのもひとえに忠義のため。節公もそれを承知していたからこそ、西尾の無礼を罰しなかったのだろう。

右は高松での話だが、節公は江戸滞在中も欲望を抑えられず、新吉原の遊廓（「三谷《さんや》」）に通った。ほとんどの家臣は見て見ぬふりだったが、忠義の臣は江戸藩邸にもいた。その名は佐治《さじ》利兵衛。その行動は西尾よりさらに過激だった。

節公が四、五人のお供を従えて遊廓へ向かう途中、佐治はこれを待ち伏せ妨害したのである。あるときなどは、頭巾で顔を隠した節公に駆け寄り、「やるまじ」と言いながら、その肩を二度三度と叩いた。主君の身体に手を出すなどありえない。御側の衆が「あれは佐治利兵衛に違いありません」と申し上げると、節公は「いやいや、あれは大忠臣じゃ」と言い、佐治はまったく咎められなかった。寛容な殿様。それとも遊廓通いを恥じて、あえて表沙汰にしなかったのだろうか。

はたして西尾と佐治は比類なき忠臣なのだろうか。小神野はふたりの果敢な行動力を認めながらも、きびしい評価を下している。

ふたりは所詮《しょせん》忠臣のふりをしただけで、真の忠臣とは言い難い。その証拠に、西尾はのちに浪人になり、不遇のうちに生涯を閉じている。佐治に至っては、改易《かいえき》に処せられたのち公儀（幕府）に捕らえられて八丈島に流された。

いずれも忠義の真似をして主君に無礼をはたらいた天罰である。

似非《えせ》忠義者のなれのはては、かくのごとし。ふたりの悪しき例を教訓に、かりそめにも主君に対して無礼があってはならない――。小神野は、将来『盛衰記』をひもとくかもしれない子孫たちを戒めている。

節公の茶屋遊びや廓《くるわ》通いは本当なのか。中村は「甚しき虚談」（徹塵の真実もない）と全否定だ。中村によれば、高松城下の天神境内は元禄十五年（一七〇二）に天神が再興されるまでは、境内も狭く遊女を置いた茶屋は一軒もなかったという。それに節公は当時は「御林」（栗林荘）に住んでいて御城の埋門から出入りするはずがない。お供をした岡田芳庵が芳庵と称したのは節公の隠居後（恵公の時代）であるといった細かな指摘も。

お忍びの帰りに七条宗貞方に立ち寄ったことについても中村はありえないと言う。宗貞は儒臣で厳格な人柄だったから、茶屋遊びの節公に諫言することはあっても、豆腐で茶漬けをふるまうなど考えられないというのだ。

西尾万右衛門の話も佐治理兵衛の話もみんなウソ。なぜなら西尾も佐治も節公の逝去五ヶ月前に召し抱えられた者だから。節公は病で女遊びどころではなかったはずというのだ（ふたりの履歴は知らないが、正規の藩士でなかったからこそ、あのような大胆な行動が可能だったとも言える）。

事実か虚談か、結局のところはっきりしないというのが小神野と中村それぞれの記述を読み比べた感想である。もっとも中村としては、高松藩の禄を食《は》みながら殿様の不品行なふるまいを記録した小神野の姿勢そのものが許せなかったようだ。意訳すると、「たとえ事実だとしても、君の不行儀を公然と言わないのが臣下の礼ではないか。ましてや、あとかたもないウソを子孫に書き残すというのは、いったいどういう神経なのか。不届き千万」。

小神野と中村。ふたりの間には殿様の茶屋遊び・廓通いに対する感覚の違いがあったと考えられる。たしかなのは中村がこのような遊びを極端に忌み嫌う謹厳実直なタイプだったこと。対照的に小神野は、殿様の艶聞《えんぶん》として、また主君と諌臣の佳話《かわ》としてこの逸事を後世に伝えようとしたのだろう。寡黙な名君だった節公ですが、こんな艶《つや》っぽい面もありましたというのである。

女性の話題を続けよう。お忍びで茶屋遊びや廓通いに耽ったくらいだから、節公はさぞかし美女好みと想像したが、必ずしもそうとはかぎらなかった。

小神野は、川内原村《かわないはらむら》（現在の香川県高松市香川町川内原）の野合から戻った節公の興味深い話を伝えている。

帰城後、節公は滞在した政所《まんどころ》（庄屋）宅にいた下女を御城に召すよう命じた。家臣たちは吃驚《びっくり》。無理もない。いまさら鄙《ひな》の下女をどうして御城で召し使うのか。

川内原では渋皮のむけた下女を選んで差し出したが、節公の好みにかなわず戻された。いったいどのような下女がお好みなのか。考えあぐねた末に、当初候補に入れていなかった「菜切女《なきりおんな》」（厨房で菜を切る役の下女か）を差し出したところ、意外にも節公は「この女だ」と御城に留め、のちに御小性役の女中に抜擢した。

彼女の名は花。「お花どの」と呼ばれ、奥向の「第一の人」となったと『讃岐盛衰記』は記している。同書によれば、「お花どの」はやがて節公との間に男子をもうけ、ますますお気に入りになったが、ひどくわがままな性格だったうえ、節公に無礼をはたらいた。どのような無礼を。自身で髪を切り、節公に打ち付けたというのだから尋常ではない。節公は本当にこのような女性に魅かれたのだろうか。

奇妙なことに、『小神野夜話』では「お花」の人格は大違い。卑賤《ひせん》の出身ながら人徳があり、奥方にもよく仕え、節公の眼鏡にかなう貞女だったという。同書によれば、節公の子を産んだ短気で我がままな女性の名は「おみな殿」だった。しかし女性の言動を気にとめなかった節公は、彼女の問題行動を放置していたという（「婦人の事は御心にも不被為懸《かけさせられず》、御捨被遊候」）。『讃岐盛衰記』は「お花」と「おみな」を混同していた。性格に問題があったのは「おみな殿」。彼女は節公の男子をもうけ（中村によれば男子の名は右衛門）、のちに法性院と称した。

御側に仕えながらときに凶暴性を発揮した女中をたしなめもせず増長させた節公は、家臣たちから変な殿様と思われていたらしい。『讃岐盛衰記』はこう表現している。「何様《なにさま》常に更《かわ》りたる事度々在之《これある》節公様にて御座候」。直訳すれば「まったく、常識はずれのことが度々あった節公様でした」。節公はとても変わった殿様だったというのである。

中村は河内原の女性についても「おみな」についても、「如何《いかが》ありしかしらず」（詳細は知らない）と素気ない。

◆英公と対照的だった節公の金銭感覚

節公がどこか変人ぽく見えるのは、英公との違いを強く意識した結果かもしれない。自分は父(伯父で養父)とは違う。藩主としても人間としても。そんな節公の思いは「金箱」の話からもうかがえる。

ある日、節公は金箱三十箱の製造を命じた。さっそく檜板《ひのき》で作られた上質の金箱を差し上げたが、節公は上等過ぎる(もっと粗末な箱を)と作り直しを命じた。そこで槻板《けやき》の金箱を差し上げると、まだ上等過ぎると言う。次に松板製の金箱を差し上げたところ、節公はようやく満足した。

結局九十箱が節公の手元に。節約家に似合わぬ無駄をしたようだが、これは節公の策略だった。実は金箱が百個ほど必要だったが、一度に百個を申し付けるのを憚《はばか》って、上等過ぎると難癖をつけ、三十箱ずつ三回にわけて作らせたのである。「百箱差し出せ」の一言で済むところを、なぜこのような回りくどい策を。

その理由を『讃岐盛衰記』は「殿様は大金を貯えていると人々が言いふらすのを嫌って」(「人々大金溜《たま》り候《そうろう》様《よう》申《もうし》触《ふれ》候《そうろう》義《ぎ》も御嫌被遊《あそばされ》」)と記し、『小神野夜話』は「一度に百箱命じると目立つので、三回にわけたと拝察する」(「一度に被仰出《おおせいだされ》候《そうらい》ては目《め》立《だつ》事故《ことゆえ》、思召にて右之通被仰出候」)と記している。ちなみに小神野はこの話を作事奉行の川村茂助から聞いたという。

大金を貯えていると知られたくないという感覚は、日々の楊枝や食べ残しまで見逃さなかったマニアックな節約精神とも通じる。節公の金銭感覚は、節約と貯金に向けて研ぎ澄まされていた。

対照的なのが英公の金銭感覚だ。小神野は次のような話を伝えている。

たいそう勤勉な奥坊主《おくぼうず》がいた。小泉八左衛門が「ぜひこの奥坊主に御褒美を」と英公に申し上げた。英公「褒美の額はいかほどか」。小泉「銀一枚ほどでしょう」。英公「あの奥坊主に銀一枚は多過ぎる。金一両を遣わせ」。

英公の言葉に小泉は驚愕。英公は金一両が銀一枚より価値が低いと思っていたのだ。小泉はのちに「さすがに御大名は違う」(「流石《さすが》御大名さま也」)と語ったとか。この話、どこまで本当かさだかでないが、金銭に細かい節公とあまりに対照的な英公の姿が目に浮かぶ。

◆藩主みずから「罪人斬り」。英公と節公の剣の腕前は……

なにかにつけて対照的な節公と英公。なかでも印象的なのは、罪人を手討ちにするときのスタイルの違いだ。

高松藩主が自身の手で罪人を処刑する? 江戸では、死罪を宣告された罪人(「公儀死罪之者」)を大名屋敷が一人ずつ貰い受け、「生袈裟《いきげさ》」(生きたまま袈裟斬りにする試し斬りの一種)にする慣習があり、この慣習は将軍綱吉が生類憐み令を出すまで続いた。

おのずと英公も節公も刀剣の試し斬りを兼ねて罪人の身体を切断した。小神野は目黒の下屋敷で行われたそれぞれの場面も伝えている。この場面は数年前に出版した拙著『江戸時代の罪と罰』（二〇一五年刊　草思社）でも取り上げた。

しかし当時は『盛衰記』が小神野与兵衛の著であることすら知らず、『讃岐盛衰記』『小神野夜話』などの存在も知らなかった。つまりあくまで江戸前期の処刑の一例（そして殿様が死刑執行人を務めた例）として注目しただけで、英公と節公の特異な父子関係や確執は関心の外だった。

あらためて英公と節公の場面を読み比べると、節公が英公とまったく異なるスタイルで罪人を処刑したのがわかる。前著と記述が重なるが、もう一度、ふたりの処刑（試し斬り）の場面を振り返ってみよう。

まず英公の場合から。目黒下屋敷の処刑場には、年寄、奉行、横目など藩邸の主だった面々が英公のお手並みを拝見しようと詰めていた。登場した英公の様子を『讃岐盛衰記』はこう記している。

「御たすき御掛、御尻をからげさせられ、御りゝ敷《しき》御《おん》出立《いでたち》、能《よく》切《きり》御《お》討離《うちはな》し被遊《あそばされ》候、少し血御かむり御衣類よごれ中候」。襷《たすき》がけで尻を端折《はしょ》った凛々しい姿で登場した英公は、見事に罪人を生きながら袈裟がけに斬り捨てた。ところが罪人の血しぶきで衣類を汚してしまったというのだ。

節公の場合はどうか。場所は同じく目黒下屋敷。年寄、奉行などが拝見したのも同様である。違っているのは罪人が幕府から渡された罪人ではなく、盗みの罪で捕らえられた上屋敷の御台所中間《ちゅうげん》だったこと。ともあれ、藩主みずから斬り殺した事実に変わりはない。『讃岐盛衰記』の記述はすこし長いが、まずは原文でご覧いただこう。

「御たすきも御《お》掛《かけ》不被遊《あそばされず》、尻も御からげ不被遊、いかにもしよたしよたしたる御出立にて御《お》出《いで》被遊候に付《つき》、御側之者も御手《おて》際《ぎわ》如何《いかが》と存候程の事に候処《ところ》、其侭《そのまま》御《お》抜打《ぬきうち》に何之御苦もなく御打離《うちはな》し、血飛上り候を御はづし、御衣類少もよごれ不申《もうさず》候」

襷もかけず尻も端折らず、英公の凛々しい姿とは対照的な「しよたしよた」したいでたちで節公は登場した。大丈夫だろうか。御側の人々は心配になったが、それはまったくの杞憂《きゆう》だった。節公は刀を抜くやいなや、苦もなく罪人の息の根をとめた。しかも噴き出る血を軽やかにかわし、衣服はすこしも汚れなかった。

気になるのは「しよたしよたしたる」という表現。『日本国語大辞典』第二版によれば、新潟県の佐渡と香川県の高松市・仲多度《なかたど》郡に「じょたじょた」という方言があり、それぞれ「衣服の長く垂れるさま」「着物が体に合わず、だらしないさま」を意味するという。襷もかけず尻も端折らない格好にぴったりではないか。節公のいでたちは「じょたじょた」した、(身体にフィットしない)だらりとしたものだったのである。

いでたちはジョタジョタしていながら、あざやかな抜き打ちで罪人を斬り捨て、迸《ほとばし》り出る血も苦もなくかわした節公について、矢代閑悦は「英公之御手際より抜群《ばつぐん》見事《みごと》能《よく》被遊《あそばされ》候」と語ったとか。

英公は武芸を奨励し自身もさまざまな武術に通じていたが、節公の方がむしろ達人だったという逆説。側近の者たちさえ大丈夫だろうかと心配したというのだから、節公は彼らの目にふれない所で技を磨いていたのだろう。それとも天性の剣鬼だったのか。いずれにしろ目黒の下屋敷で、その卓越した剣の技を家臣たちに見せつけた。まるで「剣技は見た目の派手さや格好ではない。相手の血をあびるようでは、まだまだ」と英公の剣技を見下すように。

この記述について、中村は「諸大名中生《いき》けさ（袈裟）と云事《いうこと》、如何《いかが》ありしか知らず」と述べている。英公や節公の時代は大名みずから生きた罪人を袈裟斬りにしていたというが、自分は詳細を知らないのでコメントできないというのだ。江戸後期に生まれた中村には、大名が（罪人とはいえ）生きた人間を試し斬りした当時の風潮は感覚的に理解できなかったのかもしれない。

◆高松藩士による赤穂城潜入記

節公が藩主の座を退いたのは宝永元年（一七〇四）二月、浅野内匠頭長矩《たくみのかみながのり》が吉良上野介義央《こうずけのすけよしなか》に斬りつけた元禄十四年（一七〇一）三月の刃傷事件の三年後である。

浅野の居城である播磨国《はりまのくに》赤穂城は同年四月十九日に没収され、大石内蔵助良雄《くらのすけよしお》ら赤穂浪人が吉良邸を襲撃して義央の首を討ったのは元禄十五年十二月。藩主としての（そして人間としての）節公の最晩年に赤穂事件は起きた。当然小神野も赤穂事件に言及している。

なかでも興味深いのは、高松藩の間者《かんじゃ》として赤穂城に潜入した竹井金左衛門の話だ。

主君切腹の後、浅野家中が赤穂城に籠城する場合はこれを討たねばならない。幕府は近国諸藩に派兵の手配を命じ、赤穂藩と瀬戸内海を挟む高松藩も派兵の準備に怠りなかった。家老の大久保主計《かずえ》の指揮の下、数十隻の軍船を小豆島へ向かわせ、高松では牛窪勘兵衛の船団が待機していた。竹井の赤穂城潜入も赤穂出撃作戦の一環にほかならない。

竹井は事前に節公から十三箇条の任務を申し渡されていた。うち三箇条が間者の密命で、

①赤穂城内に忍び込み、建造物や通路など内部の様子（「案内」）を見届ける。
②籠城する者の人数と姓名を確認する。
③赤穂城内と城下の絵図を入手する。

まさに命がけの任務である。竹井は水汲み人足に身をやつして赤穂城内に潜入。しかしさすがに人品骨柄は隠せず、足軽大将とおぼしき浅野の家中に怪しまれ、呼びつけられた。以下、ふたりのやりとりを『小神野夜話』から意訳してみよう（竹井金左衛門を**竹**、浅野家の武士を**浅**と略記する）。

竹　「よく見破りましたね。たしかに拙者は偽の日雇いです。城内探索のために忍び込みました。お咎めは覚悟のうえ。どうぞ存分に」

浅　「（笑いながら）立派なご挨拶です。忍び込むのはさぞ大変だったでしょう。ところでわれわれは籠城するつもりはありません。籠城して討ち死にするのは畏れ多いこと。御検《ごけん》使《し》（赤穂城没収のため派遣された脇坂淡路守安照《やすてる》ら）の到着を待って、一同切腹の所存です。籠城ならば城内の様子を隠すでしょうが、切腹して果てるつもりなので隠す必要もありません」

浅野家の武士はそう述べて、竹井を連れて城内を隈なく案内した。お蔭で一番目の任務を難なく果たした竹井は、厚く礼を述べたのち二番目の任務を遂行しようと。

竹　「甚だ恐縮ですが、切腹の覚悟を固めた方々の姓名も教えていただけないでしょうか」

浅野家の武士は仕方ないという様子で懐中から一軸の巻物を取り出して竹井に見せた。巻物をひらくと大石内蔵助以下百八十人の姓名が。「これ以上城内に留まる理由はないでしょう。早々に退去されるように」と浅野家の武士にうながされた竹井は、別れるに当たって姓名と役職を尋ねたのだが……。

浅　「拙者は一両日中に御検使が到着すれば切腹してこの世を去る身。名乗ったところで意味がありません。とはいえまったく名乗らないというのも如何なものなので、この紙をお渡ししましょう」

渡された紙には浅野家の武士の戒名が記されていた。浅野家の武士は竹井を城外まで送り、ふたりはその後二度と会わなかった。

結局赤穂城の浅野家中は切腹せず、城を明け渡したのは周知の通りだ。赤穂事件終結後、竹井は戒名を頼りに赤穂城で会った武士が誰か知ろうとしたが、泉岳寺の墓石に刻まれた戒名は、同寺の住職が付けたものだったので一致しなかった。吉田忠左衛門、磯貝十郎左衛門、富森《とみのもり》助右衛門のうちいずれかと憶測されたが、結局正体は不明のままだった。

竹井金左衛門の赤穂城潜入記は、まるで芝居や小説の場面のように面白い。実際この場面は、明治四十二年（一九〇九）に出版された福本日南《にちなん》『元禄快挙録』でも取り上げられている。出典は『讃陽《さんよう》盛衰記』。『盛衰記』の写本のひとつだろう。

福本は竹井金左衛門に同志の名簿を見せた足軽頭を吉田忠左衛門であるとしたうえで、しかし吉田が竹井に同志の姓名を明かすはずはなく、この場面はつくり話だと断言している。そうとも知らず『四十七士伝』（『赤穂四十七士伝』）にこの話を載せた佩弦斎《はいげんさい》（青山延光《のぶみつ》）は「気の毒千万であった」とも。『赤穂四十七士伝』は文政十二年（一八二九）の成立。著者の水戸藩儒青山延光も小神野の記述にまんまと騙《だま》されたというのだ。中村によれば、横目の竹井金左衛門は、徒目付の平沢吉左衛門と共に大久保主膳に従って小豆島に船で赴いたのち、赤穂に潜入して情報を収集。結果を小豆島吉田浦に停泊中の大久保に報告したという（「赤穂へ忍び入、彼地《かのち》の御用を弁《べん》じ、主膳殿へ申達《もうしたっ》し」）。赤穂城内でのやりとりについては特にコメントしていない。

◆「拙者どもを捨て殺しになさるのか」。憤る高松藩士と動揺する節公

赤穂事件がらみで、小神野は次のような話も伝えている。

赤穂城籠城のときは高松藩からも軍勢を出すことになっていたのは前述の通りだ。軍勢を率いるのは、牛窪勘兵衛（大番頭《おおばんがしら》）、久米六郎左衛門（書院番頭）、成田内膳《ないぜん》（馬廻り番頭）の三人。登城した三人に御用場見習の間島《まじま》伊右衛門から、赤穂籠城の一報が届き次第、ただちに支度して出船するよう申し渡された。

このときの間島の言葉が三人を怒らせた。その後のやりとりを、同じく『小神野夜話』から意訳してみよう（牛窪勘兵衛は**牛**、久米六郎左衛門は**久**、間島伊右衛門は**間**と略記。成田内膳の発言はない）。

間島の言葉に牛窪は納得せず（「御請《おうけ》をも不仕《つかまつらず》」）食ってかかった。

牛　「間島殿、今のは貴殿からの申し渡しではあるまい」

そんな牛窪をなだめるように

久「間島殿に申し上げたいことがある。番頭を派遣するなら、殿様がじきじきに申し渡し、お暇の盃を下されるはず。しかるに報せが届き次第出船せよとは……。万一今、報せが届けば、拙者どもはただちに出船しなければならず、殿様に拝謁し盃を頂戴する時間もない。ひとたび出船すれば生きて帰らぬかもしれない家臣に御目見《おめみえ》も盃もなく、お言葉さえ下されぬ（「御意をも不蒙《こうむらず》」）とは。殿様は拙者どもを見殺しにする所存に違いない。拙者どもが赤穂で討ち死にすれば、さぞご満足であろう」

久米の発言の最後のくだりの原文は、「拙者共捨殺《すてごろし》に被遊《あそばされ》候《そうろう》事《こと》と存候間、彼地におゐて討死をもとげ候はゞ思召にかなひ候様に覚悟可致由申候」。「見殺」は原文では「捨殺」。〝薄情な〟節公に対する恨みがいっそう際立っている。

久米の言葉は『盛衰記』ではさらに激しい。「是は御上《おかみ》に三人之者共は御見限りを請《うけ》、此度《このたび》御捨殺《すてごろし》に被成《なされ》候《そうろう》事《こと》と存候、とや角申事は無之候、勘兵衛いざ御立《おたち》あれ、参着候はゞ無二無三に討死致、上之思召《うえのおぼしめし》叶《かない》候《そうろう》様《よう》可致《いたすべし》」。意訳すれば「われわれ三人は御上（殿様）に見限られ、この度は見殺しになると察し申した。そうとわかればとやかく言うことはない。勘兵衛、さあ行こう。赤穂に着いたら一心不乱に戦って討ち死を遂げ、御上の希望を叶えてさしあげようではないか」。

節公は死地に赴く家臣たちを見殺し（「捨殺」）にする冷酷非情の殿様だ。久米の口から節公に対する深い不信が迸《ほとばし》り出るのを聞いた間島は動揺を隠せなかった。久米と間島のやりとりが続く。

間「それは誤解です。正式に出船と決まれば、殿様は御目見を仰せつけられ、盃を下され、お言葉もあるでしょう。今日のところはとりあえず御内意《ごないい》（内々の御意）を三人に申し伝えよとの思し召しを受けて、私から申し上げたに過ぎません」

久「御内意の旨承知致した。なるほど貴殿は御用場見習だけあって、知恵も分別も格別すぐれている。拙者などは知恵が行き届かず、御内意とは気がつかなかった。同じ人間でも、貴殿と拙者とではこうも違うものか」

久米が間島を讃えたのはもちろん皮肉である。牛窪が間島に浴びせた言葉は、まがうことない罵倒だった。

『小神野夜話』には牛窪が「出陣に御内意にも不及申候《およびもうさず》」（出陣に当たって、内意もへったくれもあるものか）と言ったとあるが、『盛衰記』の方がより臨場感に富んでいる。牛窪は間島伊右衛門に「伊右申分《いうもうしぶん》、くらいくらい、軍中に内意と申事《もうすこと》前代未聞、討手の将は蒙仰候得《おおせをこうむりそうらえ》ば直《ただち》に出陣致、宿へ帰らぬ法也」と語ったというのだ。

牛窪は「貴殿は戦《いくさ》をご存じないようだ。戦に内意など前代未聞。討手の武将は出陣の命令があれば、家にも帰らず即座に出陣するものだ」と間島の弁解を笑殺《しょうさつ》。「結局殿はわれわれを見殺しにするつもりさ」（「とかく上の御捨殺」）と言いながら座を立ち、下城して配下の侍を召集したという。

さて間島が戻って経緯を報告すると、節公は、生涯最大の失敗だった（「御一生に無之御越度《これなきおんおちど》」）と悔い、なんとか三人をなだめるよう間島に命じた。命じたというより懇願したという方が正確かもしれない。原文は「其方《そのほう》乍太儀《たいぎながら》引請《ひきうけ》候て、番頭共和睦仕候様に可相計旨《あいはからうべきむね》御意」。間島が全責任をかぶって、番頭三人と自分の主従関係を修復してほしいというのである。

間島はさっそく三人の居宅を廻り、「実は御上（殿様）はなにもご存じなく、すべて拙者の不調法から起きたこと。なにぶんお許しを」と平身低頭して謝罪した。

「すべての原因が貴殿の不調法からと言うなら、御上に対して申し上げることはない」。三人は節公への憤懣《ふんまん》を解き、君臣の和解が実現したという（「各《おのおの》和談済申候」）。

翌日、牛窪、久米、成田の三人は急に御前に召され、節公に拝謁。親しく盃と吸物を頂戴した。自宅に戻った三人は、それぞれ馬印《うまじるし》や指物《さしもの》を飾り、相番《あいばん》の衆を集めて出陣の門出のふるまいをしたが、赤穂城が事なく開城されたため、結局出船せずに終わった。

中村はこの話についても小神野を激しく非難している。曰く。

赤穂籠城の一報があり次第、牛窪ら三人の番頭に出船の支度をせよと命じられたのは事実であろう。しかし三人が殿様はわれわれを「御捨殺」になさるつもりかと憤慨し、節公が自分は大変な過失を犯してしまった（「御一生になき御越度」）と反省した等々は、すべてウソ（「悉《ことごと》く虚談」）。節公が大きな過ちをしたように書いているのは許せない。この話は小神野のでっち上げか、さもなければ聞き違いだろう。そもそも成田主膳は馬廻り番頭ではない。成田は貞享三年（一六八六）十月に年寄役になり、当時は老職の筆頭だったはずだ。

細かな点は例によって中村の言う通りかもしれない。しかし話が「虚談」である確証が示されているわけでもない。節公にとっても三人にとっても、出陣は初めてのこと。緊張が極度に高まるなか、主従間の意思疎通に障害が生じたとしてもなんら不思議はない。話は大筋において真実だと思われる。

以上が赤穂事件にまつわる節公の逸事である。竹井金左衛門の赤穂城潜入譚はお芝居の一場面のように面白いが、著者のような歴史研究者にとっては、〝節公の動揺と間島の弁解〟の方が数倍興味深い。節公という名君が家臣と接するときの、どこかぎこちない感じがいきいきと伝わってくるからだ。

節公は頭脳明晰なばかりでなく（実は）武術にも長けた殿様だったが、身近に仕えるごく少数の家臣や小者を除いて、家臣とのコミュニケーションはかんばしくなかった。主従間の心情的絆が不十分なのである。

小神野与兵衛は、頼重（英公）と頼常（節公）という対照的な藩主像を、数々の聞き書きで浮き彫りにした。それは高松藩のオーラル・ヒストリーとして貴重なだけでなく、一つの藩を超えて、江戸時代前期の殿様と家臣のメンタリティーをいきいきと描き出している。

繰り返しになるが、小神野与兵衛が精力的に聞き取りをして記録した興味深い話の数々は、中村十竹の執拗な間違い探しによって、面白さこそ半減したものの、史料としての価値を倍増した。誤伝や誤記がそぎ落とされ、より真実に近い姿があぶり出された。

『盛衰記』と『消暑漫筆』を読み比べ、どこまでが史実でどこから作り話なのかを憶測するのは、楽しくかつ有意義な作業だった。中村が小神野を継いで歴史を編む人になったように、著者もまた歴史を編む人の末端に加わったように感じられたからだ。

歴史を編む人たちの系譜。終章では、小神野同様正史の記述に飽き足らず、高松藩五代藩主松平頼恭《よりたか》の思い出を事細かに綴った人物を取り上げたい。江戸時代の武士、とりわけ高松松平家の老藩士たちは、往時を細部までいきいき書き伝えようとする〝歴史ごころ〟に富んでいる。

終章

歴史を編む人、ふたたび

◆五代藩主・松平頼恭（穆公）の最期まで

三人の殿様の死で始まったこの本は、もうひとりの殿様の死で幕を閉じる。

明和《めいわ》八年（一七七一）七月十八日、高松藩邸から幕府に当主が亥の中刻《ちゅうこく》（午後十一時頃）に死去した旨が届けられた。当主の名は松平頼恭《よりたか》（英公や節公の例にならって、以下穆公《ぼくこう》の諡号《しごう》で呼ぶことにする）。高松藩五代藩主で六十一歳だった。

この日、危篤状態の穆公に対して将軍（十代家治《いえはる》）から見舞いの上使が派遣され、「鱠残魚《きす》」の干物が下された。一方、穆公からは板倉佐渡守ほか幕府の老中に宛て「届」が出された。「我等《われら》儀《ぎ》先頃より不快の所、快気の程難計《はかりがたく》候、家督の義は嫡子兵部《ひょうぶ》大輔へ相譲り候間、此段御聞置《おききおき》可被成候《なさるべく》」。先日来容態が悪く、快復の見込みもありません。ついては嫡子の兵部大輔（松平頼真《よりざね》諡号は定公《ていこう》）に家督を譲る所存というのである。将軍から見舞いの品を拝受し、家督相続の手続きも済ませ、穆公は往生を遂げた。

はたしてそうか。

幼い頃から穆公の側に仕えた瀧信彦《たきのぶひこ》（一七四四―？）が、穆公の死後半世紀を経て著した『増補穆公遺事』には、前日十七日の亥の中刻に「神はあがらせ給ひし」とある。神上《かみあ》がるは貴人が死ぬこと。穆公は前日すでに亡くなっていた。

幕府の慣例では、将軍が見舞いの上使を派遣してキスの干物を下賜するのは、公表こそされていないが、病人がすでに絶命している場合だった（大谷木醇堂『醇堂叢稿』）。当時は上使派遣とキスの干物と聞いただけで、役人も諸大名も、その人物の死を察知できる仕組になっていたらしい。となると当然老中への届も穆公が出したはずはない。藩の重役が家督継承が無事行われるよう、亡くなった穆公の名で差し出したものにほかならなかった。

正史（公的記録）と史実（事実）の間に溝があるのは、とりわけ死亡月日についてはごく普通である。むしろ事実通り記述（発表）される方が珍しいと言っても過言ではない。しかし瀧はこれを正確に伝えようと努めた。敬愛する主君穆公に関するもろもろの事実が時の経過で風化するのを憂慮したからである。

文政三年（一八二〇）、瀧は病み衰えた七十七歳の老体に鞭打って、自身の見聞や思い出を『増補穆公遺事』に書き残した。

瀧の記述にそって、穆公の発病から臨終までの経過をたどってみよう（原文の敬語表現は適宜省略した）。

公は生来丈夫で、末年まで頭痛の経験もなかった。歯も耳も眼も良く眼鏡の必要もなし。いわば「惣身御健《そうしんおすこやか》」（全身健康！）で、病気といえばかつて瘧《おこり》（マラリア性の熱病）を病んだくらい。私が弱年のとき脱肛《だっこう》で臥せられたのを覚えているが、ほかにはこれといった病歴もない。食べ物に好き嫌いはなく、季節の野菜や果物を召しあがり、鳥も魚も猪も召しあがった。好物は鮟鱇《あんこう》と鰹。

味つけ（「塩梅《あんばい》」）は少量の水に鰹節を煮出し、味醂《みりん》で風味を良くしたうえ、「おろし鰹」を振りかけた。野菜料理にも雁の油を用いるなど「世上に稀なる厚味《こうみ》（濃厚な味）」がお好みだった。飲酒は毎日夕食と夜食のあと熱燗を。ご飯は湯取《ゆとり》（水を多くして炊いたあと水洗いして粘り気を取り、再び蒸す）にして召しあがった。ご飯の量が少ないのは、おかずが厚味だったから。生菓子・干菓子もさほどお好みでなく、麺類は召しあがらなかった。

瀧が食生活についてこれほど詳しく記したのは、穆公の厚味好きが酒肉の毒と重なって病根となったと思われていたからだ。医師や近臣たちも憂慮していたが、誰ひとり食生活を改めるよう諫言しなかったのが悔やまれると記している。

『増補穆公遺事』の意訳を、原文の表現を挿みながら続けよう。

死の四年前、明和四年（一七六七）に穆公は筋肉の痙攣痛（「御筋気《おすじけ》」）を発し、保養。その後、大酒すると背中に痛みを感じるようになった。

明和七年、高松に戻った公は、体調がすぐれないため、いつものように鷹狩や沖釣《おきづり》に出なくなり、演能もなく、筋気保養のため蹴鞠《けまり》もしなくなった。とはいえ、この当時は容態も深刻でなかったので、ときどき不養生なふるまいもあった。

明和八年四月十五日、参勤のため高松を出帆。例年ならば江戸へ向かう道中、歩行や乗馬、採薬（薬草摘み）をしていたが、今回は一度もなく、同二十四日、遠州浜松宿で好物の鰹を少々召しあがったところ、食もたれ（「食滞《しょくたい》」）になり、侍医の薬でなんとか快復。御供に従う家老（「御供家老」）の木村亘が「宿に逗留して存分に保養なされるよう」勧めたが、予定変更を好まない公は、そのまま道中を続け、五月四日、予定通り江戸に到着した。

同七日夜、江戸藩邸で鰹を食して体調を損ねた。瀧はこれが死に至る大病の引き金になったと振り返っている。十日に医師が診察すると、眼中が黄ばみ尿も黄色で熱もある。脾胃《ひい》（胃腸）の湿熱で黄痰（黄疸《おうだん》）気味という診断が下された（黄疸とは、肝機能障害や胆管の閉塞などによって血液中のビリルビンという色素が増加し、皮膚や粘膜が黄色に染まる症状）。

六月五日に転薬（薬を替える、すなわち医師を替えること）。衰弱が進み、食事もおかず（「御菜廻《おさいまわ》り」）にはまったく手を付けなくなった。それでも湯漬だけはまるで自身の病状の重さを隠すかのように無理やり流し込んだ（「御湯漬を御我喰と申如くに御搔込被遊《おかきこみあそばされ》」）。

同八日、幕府奥医師の浅井久伯を招き転薬。その後さらに橘隆庵に転薬した。同二十日、橘が治療を辞退（「御断《おことわり》」）。この頃になると、公の容態は日を追って悪化し（「めきめき御衰へ被遊」）、床に臥せるばかりだった。顔つきも幼子のようになり、いつもの顔とはまるで違っていた（「御容貌只《ただ》幼年の如くにて、御平生の公とは不被奉存《ぞんじたてまつられず》」）。顔色や眼中も様変わりして、素人目にも快復は絶望的だった。

容態の悪化にともなって、公は気難しくなり、奥様や若殿が見舞いに訪れても面会を拒む始末。

ふたりはやむなく隠れて公の姿を隙間からのぞき見た（「御透覗にて御窺被成候《おうかがいなされ》」）。【瀧はその後も医師（薬）を替えたとして複数の医師の名を挙げているが省略】

七月九日、薬を口に含ませても吐き出し、朦朧《もうろう》とした様子。近侍の矢部源右衛門に凭《もた》れていたところ（床の上で上半身を起こそうとしたのである）、矢部が身に着けていた帷子《かたびら》が黄《き》に染まった（「源右衛門帷子、黄に成申候」）。穆公の黄疸がいかに重症だったかうかがえる。

◆瀧信彦はなぜ『増補穆公遺事』を著そうと決意したのか

穆公の病状を最期のときまで詳細に記録した瀧信彦。彼はなぜここまで記述したのだろう。重病のためにすっかり面変わりし、気性も劣化した様子まで。

その理由を知るためには『増補穆公遺事』の成立にさかのぼらなければならない。そもそも、なぜ「増補」なのか。理由は文政三年（一八二〇）二月に書かれた序文で、瀧自身によって端的に語られている。

私は幼い頃から公の御側に仕え、公が逝去の後は、公について親しく見聞したことを後世に残したいと志してきた。しかし悲しいかな浅学菲才《ひさい》の身。賢君だった公の深慮もはかり難い。いざ書き始めてみると内容は些末でとりとめのない話（「鄙言《ひげん》」）ばかり。これではかえって公の徳を汚してしまうと恐縮した私は執筆を断念した。中断した原稿も、寛政《かんせい》四年（一七九二）

の江戸藩邸の火災ですべて焼けてしまった。

ところが去年の十二月、儒臣の後藤弥兵衛《やへえ》師邵《ししょう》と雑談の折、（後藤の）祖父の芝山《しざん》先生が著した『穆公遺事』に話が及び、私は後藤から同書を借りてひもといた。初めて『穆公遺事』を読んだ私の胸中に、五十年も遂げずにきた志がよみがえった。

生前の公を知る人はすでに故人となり、公を偲ぶ著述は芝山先生の『穆公遺事』だけである。このまま私が世を去れば、公のさまざまな思い出（真実の姿）は忘れられてしまうだろう。なんと悲しいことか。そこで私は恥も誹《そし》りもかえりみず、たとえそら覚えであっても、記憶するままを、当時人から聞いた話と取り混ぜて、『穆公遺事』を増補するかたちで書き残すことにしたのである。

『増補穆公遺事』は以上のような経緯で成立した。おのずとその内容は『穆公遺事』のみならず他の文献や記録にはほとんど載っていない（後述するように小神野の著述は引用されている）。瀧は信憑性を疑われないよう、書き残すべきではないと思われるような話（「可除所《のぞくべきところ》」）も、記憶のまま隠さず記したと述べている（「聞覚《ききおぼ》へしを白地《あからさま》に認《したた》め侍る」）。したがってこの著をご覧になる方は、事実と照らし合わせて、疑わしい箇所は省き捨てていただきたいとも。

　芝山先生こと後藤芝山（一七二二―八二）は高松藩の儒臣で、通称弥兵衛、名は世鈞。江戸に遊学して昌平坂学問所で学んだのち、藩校講道館（一七八〇開校）の初代総裁となった。芝山が四書五経に付した訓点は「後藤点」として広く用いられ、門下に柴野栗山《しばのりつざん》や菊池五山《きくちござん》等がいた。瀧より二十三歳年長の高松藩を代表する知識人である。

文政二年の末から翌年の初めにかけて、瀧は『穆公遺事』を読んだ。大先生の著述を読めば、穆公の逸事を伝えたいという宿願など吹き飛んでもおかしくないのだが、瀧は違った。あきらめるどころか、『穆公遺事』だけでは公の実際の姿は伝わらないと危機感を抱き、『穆公遺事』の箇条の後に「附尾云《びにふしていう》」として自身が目撃した場面や公の知られざる言動などを長々と補足したのである。

◆穆公とは、どのような殿様だったか

穆公は英公の甥、陸奥守山藩主松平頼貞《よりさだ》の子で、高松藩四代藩主松平頼桓《よりたけ》(懐公)が二十歳で早逝したのを受けて、親族会議の末、二十九歳で高松に迎えられ、五代藩主松平頼恭《よりたか》(一七一一―七一)となった。

穆公は絵に描いたような名君である。その理由をかいつまんで挙げれば。

節公没後、相次ぐ自然災害と放漫財政で危機的状況に陥っていた藩の財政を、支出削減による倹約政策によって立て直したのが最大の功績。政事に意欲的であったのはもちろんのこと、「訴訟箱」を設置して領民の冤罪《えんざい》防止にも努めた。また特産物の開発に尽力し、藩営の塩田を築造したのも特筆される。物産開発に趣味も兼ねて本草学を研究。その成果のひとつとして、魚鳥草木

の精緻な彩色図集の作成を命じ、これらは貴重な図鑑そして文化財として今日に伝えられている。各種武芸を修め詩文や和歌もよくし、茶の湯、書画、音楽、蹴鞠ほか諸芸にも長じていた。至って几帳面で、いかなる遊芸でも始めたからには熱心（かつ計画的）に学んだので、上達も早かったという。

英公ほど豪放ではなく、節公のような影もない。人格才知とも卓越した殿様となれば、芝山が称賛しないはずがない。ところが幼年の頃から（そして十五歳で前髪を落としてからも）小性として側に仕えた瀧は、芝山が知りようのない主君の姿を目に焼き付け、言葉を心に刻んでいた。「増補」に綴られた逸事の中から、いくつかご紹介しよう。

藩財政再建のため支出削減を命じた穆公は、自身の日用品についても倹約を徹底させた。たとえば日々お風呂で使う「糟袋」（ぬか袋）も。唐木綿製で一個が「銀五文目」（銀五匁）もすると知った公は、これでは他の日用品も思いやられると憂慮し、地木綿《じもめん》の白地を買い上げて、中奥《なかおく》女中にぬか袋を作らせた。

輸入木綿を用いた高価な商品を購入するのではなく、安価な品を自前で作らせて経費を節減したのである。

藩主になって間もない頃、不寝番の小性が理由もあきらかにされず罷免された。一体なぜ。内々にお伺いしたところ、公は「鼾《いびき》がうるさくて眠れないので」（「鼾が耳に立《たち》、御寝成《ぎょしんなり》にくし」）と笑いながら答えた。

穆公は、不寝番にもかかわらず爆睡してしまった小性を咎めず、事を済ませようとしたのだ。こんなことも。

財政再建の一環として銀札（藩札）を発行したとき、批判の狂歌が数多《あまた》詠まれたなかに「御代々札はせぬきの国なれど欲によりたるしやうしやうの疵《きず》」という一首があった。実はこの狂歌は公の自作で、人に知られぬようこっそり世に流布させたものだった。

狂歌は「代々銀札など発行しなかった讃岐の国（高松藩）なのに、欲得で発行したのは少将（穆公）の治世の疵」という意味。「せぬき」を「讃岐」に「しやうしやう（少々）」を「少将」に掛けている。穆公は三十五歳のとき少将に昇進していた。

瀧の「増補」は穆公の魅力を語って余りある。とりわけ狂歌の逸話は秀逸で、ユーモアを解し、自己を客観化できる奥行きの深い人柄をうかがわせる。すくなくとも面白さ、迫真性において芝山の『穆公遺事』は遠く及ばない。

◆穆公の試し斬り未遂、そして、驚きの閨房話

瀧は他にもさまざまな逸事を挙げて穆公の人柄を浮き彫りにした。しかし彼が増補したのは、穆公の称賛すべき面（名君たるゆえん）だけではない。通常の顕彰記であれば考えられないような話も、事実として記録するのをためらわなかった。いわゆる「鄙言」、日常的で些末な話題の数々である。たとえば次のような。

公は中肉中背で、首は短く骨太の方。肌は白からず黒からず。髭も濃い方ではなかった。二重まぶたで鼻筋が通り、歯の性《たち》も良く短め。筋力（「御力量」）はさだかでないが、人並み以上だった。

容貌と身体にこれといった特徴はない。ただ瀧はこうも記している。「御疳気《ごかんき》故にや、常に御襟《おえり》を左右へ御摺《おすり》被遊候御癖《おくせ》御座候」。おおらかな面がある一方で神経質でもあったのか、襟を左右にこすり動かす癖があったというのである。

公は幼年の男子を側に置くのを好んだ。藩の年寄、奉行役等の嫡子や次男を小性や御伽に

召し出した。なにしろ子どもなので、城内で「不調法」（悪戯）を仕出かしたり、「狂《くる》ひわざ」（常軌を逸した悪ふざけ）に興じたり。奥の女中たちをハラハラさせる場面もあったが、公は強く叱らず打擲《ちょうちゃく》することもなかった。

瀧は「且又《かつまた》以前は不奉存《ぞんじたてまつらず》、臣等覚て男色《なんしょく》の義は不承候《うけたまわらず》」とも記している。（公は子ども好きではあったが）私がお仕えする前は知らず、公が男色を好んだという話は記憶にないと意訳できる。

公は守山藩江戸藩邸に住んでいたとき、十三歳で初めて「居物御試《すえものおためし》」（土壇《どだん》に据えた罪人の死骸で刀の試し斬りをすること）を体験した。以来、高松藩主になってからも定期的に試し斬りを行い、私たち若輩者にも試し斬りの仕方（土壇の作り方、刀の構え、目の付けどころ、等々）を伝授した。公みずから手本も示した。

あるとき公は、死刑が決定した罪人を栗林《りつりん》の庭で試し斬りしようとした。五腰の刀を蔵から取り寄せ、切柄《きりづか》（試し斬りする刀に用いる大型の柄）も用意。準備万端整ったところで、老臣（年寄）から〝待った〟が入った。「御中年後の御義故、若者に被仰付《おおせつけられ》、御手自被遊候事《おてずからあそばされそうろうこと》は何分御用捨《ごようしゃ》相願候」。「もうお若くないのですから、そのようなことは若者にまかせ、ご自身でなさるのは、くれぐれもお慎みください」と止めたのである。

栗林の庭（現在の栗林公園）で穆公が試みたのは、生きた罪人の身体で試し斬りをする〝生き試し〟である。そうと知って藩の重臣はびっくり。死骸ならともかく、藩主みずから生きた人間を試し斬りした事実が幕府に知れたら、どのようなお咎めがあるかもしれぬ。なにがなんでも思い止《とど》まらせなければならなかったのだろう。これまた公の人柄や治績を顕彰する立場からすれば、けっして書いてはいけない話である。

では次の話はどうか。公を貶《おとし》めるものではないが、正史や顕彰記ではお目にかかれない閨房《けいぼう》の話題だ。

ある日、公が奥（奥方や子女が生活する領域）に入ろうとすると、後藤芝山が走り寄り、懐中から封書を差し出した。私（瀧）はその場面を目撃した（「見及申《みおよびもうし》候」）。封書には一体なにが書かれていたのか（芝山先生はなにを諫めたのか）。

当時の「沙汰《さた》」（噂）では、公と奥様（熊本藩主細川宣紀の女《むすめ》）の仲が睦まじくないのを諫めたのだという。夫婦仲が思わしくない原因は健康問題。奥様はすでに三男一女を出産し、これ以上出産すると体調が気づかわれると、実家の細川家から「御交《おまじわ》り御断《おことわり》」（セックスの拒否）を申し入れてきた。かわりに「関の井」という小性女中がお相手をつとめることに。このような経緯で夫婦の間に溝ができた（「御疎《ごそ》縁《えん》の様に相成候」）。

ところが芝山先生の諫言の結果、公と奥様の仲は再び睦まじくなった。

封書の内容は、結局瀧にもわからなかったらしい。ともあれ当時の大名夫婦の性生活をうかがわせる興味深い記述だ。夫婦円満が過ぎて健康を害した奥方の身を心配して（あるいは奥方付きの女中から申し入れたのかも）実家から房事《ぼうじ》の遠慮が殿様に告げられたのである。穆公の私生活の一端を照らし出す貴重な史料と言える。だからこそ瀧も「増補」したのだろう。一方、芝山の『穆公遺事』にこの話は載っていない。みずから書いた封書の内容はもちろん、穆公夫婦の内情も熟知していたはずなのに一言もふれていない。瀧とは後世に伝えるべき歴史の考え方が基本的に異なっていたのである。芝山は瀧が増補したような話には振り向きもしなかった。

◆瀧が抱いた小神野へのシンパシー

ところで穆公が瀧の「増補」を読んだら、どのような反応を示しただろうか。意味のない仮定と言われそうだが、こと穆公に関しては、こんな「もし」も意味があるかもしれない。そもそも瀧が多くの批判を覚悟で「増補」を記した根底には、公も自分の記述を支持してくれるはずだという自信があったと思われるからだ。言い換えれば、瀧は公は芝山の『穆公遺事』に満足していないはずだと忖度したのである。

振り返れば、穆公は正確な記録にこだわり続けた殿様だった。延享《えんきょう》四年（一七四七）、三十七歳の年に記録所を設置し、歴代藩主の事績を『実録』に編み、藩士の履歴等を『登仕録《とうしろく》』にまとめるなど、記録の利用と保存に意を注いだ。

それだけではない。穆公は江戸城殿中における諸事の作法や勤向《つとめむき》の詳細を逐一自身の『御手帳』に書きとめ、小性頭が記した『御日帳』にも、中清書《なかきよがき》（完成原稿となる前の中間的な清書）の段階で朱で書き込み（訂正と加筆）をするのが日課になっていた。江戸と高松の間を移動するときも、宿に滞在中『御日帳』に目を通していたと瀧は記している。

遊覧に出かけた先（「御慰事御出先」）でも、狩猟や採薬の際にも記録の筆を休めず、献上品や下賜品も漏れなく書きとめたという。

几帳面で神経質な記録魔。漏れなく正確に記録することにこだわり続けた穆公は、記録所で自身の事績『穆公御実録』を執筆した儒者の中村彦三郎と、衝突した。

英公以下代々藩主の実録は、藩の儒臣が一人ずつ執筆を担当した。穆公の実録を担当した中村が中清書の原稿を公に見せたところ、意にそわない箇所に朱を入れて下げ渡された（「思召に不叶《かなわざる》所々朱にて御書入被遊、下り候」）。ところが中村は従わず、前の原稿をそのまま差し上げた。公は再度修正。中村はそれでも修正を拒み、当初の原稿通り書写（清書）するよう、執筆補助の者（「手伝《てつだい》の筆者」）に指示した。

公が二度まで書き直したのに、このままでいいのですかと尋ねられた中村は、毅然として「上には御素人《おしろうと》故に書物の書法は御存知なき也、不苦候間《くるしからずそうろうあいだ》、下地の通可認《したたむべし》」と返答した。「公は素人で書物の書き方をご存じないのだ。私の原稿で問題ないので、このまま清書せよ」と指示したのである。

結局、公もそれ以上自説を押し通さず、実録の完成前に中村が亡くなると、養子の中村彦蔵を召し、亡父の書き方に倣って（「是迄《これまで》父が認め来《きたり》し候文法を用ひて」）原稿を書き継ぐよう命じた。さすがに名君（節度をわきまえている）。中村彦蔵は感激のあまり落涙したと、公の側でその場面を目撃した瀧は当時を振り返っている。

穆公は中村の書き方のどこが気に入らなかったのか。瀧はなにも書いていない。想像するに治績や美談を簡潔に述べただけの記述に物足りなさを感じたのだろう。もっと詳しく、関係者や経緯まで具体的に叙述せよ、と。本草学を研究し、写真と見まがうような精密な魚類、鳥類、植物図譜を作成させた穆公の科学的な眼には、中村の儒者的記述は定型的で不正確と映ったのかもしれない。

しかし中村はそんな公の要望を「素人」の語で一蹴した。藩主の実録のような格調高い書物には細々した内容は書くべきではない。書物を編むのはわれわれ玄人《くろうと》に任せるべきだと啖呵《たんか》を切ったのである。中村はなにをもって玄人と称したのか。漢学的教養の深さか、執筆経験か、それとも儒者の職業的なプライドか。

中村彦三郎と穆公（そして瀧）の関係は、中村十竹と小神野与兵衛のそれと似ていないだろうか。小神野も瀧も、玄人が書いた正史に飽き足らずにそれぞれ『盛衰記』『増補穆公遺事』を著した。違うのは小神野の『盛衰記』が中村十竹によって削られたのに対し、瀧が後藤芝山（典型的な玄人である）の『穆公遺事』を増補した点である。

小神野と瀧には共通点があった。小神野より三十年以上あとに生まれた瀧が小神野と懇意だったかどうかは知らない。しかし梶原竹軒編『讃岐人名辞書』（一九二八年刊）に、瀧は安永四年（一七七五）に「記録所を管す」とある。瀧は穆公が創設した記録所を管轄する役職に就いたのである。ときに三十二歳。同じく記録所に勤めた経験がある小神野はまだ生存していた。

ともに藩の記録の分類や正史編纂に携わった小神野と瀧。それだけにいっそう、ふたりは細部を些末なこと、「鄙言」として切り捨てるような歴史記述に対して物足りなさを感じていたのではないだろうか。瀧は「増補」の随所で小神野の著述に言及し、引用もしている。『小神野著御国《くに》盛衰記』（『盛衰記』の写本のひとつか）、『小神野与兵衛覚書』『小神野与兵衛日記』などなど。どうやら瀧は小神野と自分の間に、精神的血縁を感じていたようだ。

おわりに

小神野与兵衛『盛衰記』を初めて手に取ったのは、六年前の某月某日。記憶がさだかでないのはそれが特段見栄えのしない古書で、心躍る出会いではなかったからだ。黄色い表紙の袋綴で、上中下の全三冊。丁数は三冊合わせて百三十丁余。寸法は、縦二六・五糎《センチメートル》、横一八・五糎。幕府の昌平坂学問所の旧蔵で、現在は国立公文書館が所蔵し、同館の所蔵目録には『[高松藩]盛衰記』と記されている。書中に著者の記載はない。著者が小神野与兵衛と知ったのは「小神野与兵衛著『盛衰記』と中村十竹著『消暑漫筆』について」(田中健二・御厨義道著　二〇一六年)という論文に接してからである。

大仰《おおぎょう》で凡庸なタイトルの書。パラパラと中をのぞいてみると、読みにくいうえ誤字も多い。どうやら同名の書を書写したようなのだが、写し間違いと思われる箇所も目立ち、知的で瀟洒《しょうしゃ》な興趣とは無縁のしろものと察せられた。加えて見た目の悪さ。そんな第一印象の悪さから、私の〝古文書読み〟(歴史研究にもまして古書古文書を発掘し読解することに喜びを感じる専門職)としてのテンションは、なかなか高まらなかった。

ところが腰をすえて読みすすむうちに当初の期待薄感は見事に裏切られた。なんと、かつてひもといたどの記録よりも面白いではないか（どのように面白いかは本文でご覧いただいた通りだ）。
『消暑漫筆』の閲覧については、御厨義道氏ほか香川県立ミュージアムの方々にお世話になった。高松藩政資料の閲覧と複写については香川県立図書館と香川県立文書館、そして『盛衰記』の複写については国立公文書館にも。なかでも御厨氏からは論文その他で貴重な教示を得た。『盛衰記』に魅了されたとはいえ、高松藩について知識に乏しかった私が、ともかくも本書を完成できたのはひとえに同氏ほか先学の学恩の賜物である。最後で恐縮だが記して謝意を表したい。

平成三十年八月

氏家幹人

主な参考文献・論文

青柳まちこ・大藤ゆき「女をめぐる明と暗の民俗」（日本民俗文化大系一〇『家と女性』 小学館 一九八五年）
茨城県立歴史館編集・発行『特別展 頼重と光圀―高松と水戸を結ぶ兄弟の絆―』（二〇一一年）
氏家幹人『増補版 江戸藩邸物語』（角川ソフィア文庫 二〇一六年）
同 右『旗本御家人』（洋泉社歴史新書y 二〇一一年）
永年会編『増補 高松藩記』（臨川書店 一九七三年）
香川県編集発行『香川県史』三 通史編近世一（香川県 一九八九年）
香川県立ミュージアム編集発行『高松藩主松平家墓所調査報告書』（二〇一五年）
賀川豊彦『貧民心理の研究』（『賀川豊彦全集』八 キリスト新聞社 一九六二年）
梶原猪之松『讃岐人名辞書（第二版）』（一九三三年）
北原白秋編『日本伝承童謡集成』一（三省堂 一九七四年［改訂再刊］）
國生雅子「『児童研究』誌における童謡蒐集（二）」（『福岡大学研究部論集』A・人文科学編九巻一号 二〇〇九年）
佐藤憲一『伊達政宗の手紙』（洋泉社 二〇一〇年）
仙台市史編さん委員会編『仙台市史』資料編一〇・伊達政宗文書一（仙台市 一九九四年）
高田衛『増補版 江戸の悪霊祓い師』（角川ソフィア文庫 二〇一六年）
高橋梵仙『堕胎間引の研究』（復刻版）（第一書房 一九八一年）
高松市立図書館編『高松城主とその時代背景』（美巧社 一九八七年）

中井英夫『黄泉戸喫』（東京創元社　一九九四年）
名古屋市編集『名古屋城史』（名古屋市　一九五九年）
日光東照宮社務所編纂発行『徳川家光公伝』（一九六一年）
野口武彦『徳川光圀』（朝日新聞社　朝日評伝選　一九七六年）
服部敏良『室町安土桃山時代医学史の研究』（吉川弘文館　一九七一年）
福本日南『元禄快挙録』（岩波文庫　一九三九年）
藤井譲治『徳川家光』（吉川弘文館人物叢書　一九九七年）
文書館古文書担当「（史料紹介）大殿様御意之趣覚書」（『香川県立文書館紀要』一二号　二〇〇八年）
松平公益会編『高松藩祖　松平頼重伝』（二〇〇二年改訂）
御厨義道「高松松平家の成立と徳川御三家」
（香川県歴史博物館編集発行『開館記念特別展　徳川御三家展』所収　二〇〇〇年）
同　右「高松藩主の『舟遊』について」（香川県歴史博物館編『調査研究報告』一号　二〇〇五年）
同　右・田中健二「小神野与兵衛著『盛衰記』と中村十竹著『消暑漫筆』について」
（『香川大学教育学部研究報告』第一部一四五号　二〇一六年）
柳田國男「蟷螂考」（『西は何方』所収　『柳田國男全集』一七　筑摩書房　一九九九年）
山川菊栄『覚書　幕末の水戸藩』（岩波書店　一九七四年）
吉田俊純「徳川光圀の世子決定事情」（『筑波学院大学紀要』八集　二〇一三年）

主な引用史料

盛衰記（国立公文書館蔵）
讃岐盛衰記（香川県立ミュージアム蔵）
消暑漫筆（同　右）
小神野夜話（新編香川叢書　史料篇一・所収）
三浦市右衛門覚書（同　右）
増補穆公遺事（同　右）
渡辺幸庵対話記（国立公文書館蔵）
水戸紀年（『茨城県史料　近世政治編一』　茨城県　一九七〇年）
翁問答（日本思想大系二九『中江藤樹』　岩波書店　一九七四年）
桃源遺事（常磐神社・水戸史学会編著『徳川光圀関係史料　水戸義公伝記逸話集』　吉川弘文館　一九七八年）
一話一言（『大田南畝全集』一二〜一六　岩波書店　一九八六〜八八年）
駿台雑話（日本随筆大成三期六　吉川弘文館　一九七七年）
思忠志集（国立公文書館蔵）
武門諸説拾遺（同　右）
寒檠璅綴（続日本随筆大成三　一九七九年）
寛政重修諸家譜（続群書類従完成会）

藩翰譜（今泉定介編輯校訂『新井白石全集』一　一九〇五年）
元寛日記（国立公文書館蔵）
台徳院殿御実紀（新訂増補国史大系『徳川実紀』　吉川弘文館）
松の葉（日本古典文学大系四四『中世近世歌謡集』　一九五九年）
藩鑑（内閣文庫所蔵史籍叢刊特刊三　汲古書院　一九八六～八七年）
桃蹊雑話（国立公文書館蔵）
駿河土産（『続史籍集覧』八　臨川書店　一九八五年復刻版）
玄桐筆記（『徳川光圀関係史料　水戸義公伝記逸話集』）
西山遺聞（同　右）
義公遺事（同　右）
讃岐高松　松平家譜（『徳川諸家系譜』三　続群書類従完成会　一九七九年）
仮寝の夢（随筆百花苑七　中央公論社　一九八〇年）
守山御日記（東北大学附属図書館蔵）
日本諸事要録（松田毅一ほか訳『日本巡察記』　平凡社東洋文庫　一九七三年）
日欧文化比較（岡田章雄訳注『大航海時代叢書』XI　岩波書店　一九六五年）
懺悔録（大塚光信『コリャード　さんげろく私注』　臨川書店　一九八五年）
磐城志（『岩磐史料叢書』上　岩磐史料刊行会　一九一六年）
経済要録（『日本経済大典』一八　明治文献　一九六八年複製）
兎園小説（日本随筆大成二期一　一九七三年）

近世畸人伝（『近世畸人伝・続近世畸人伝』 平凡社東洋文庫 一九七二年）
仙台間語（日本随筆大成一期の一 一九七五年）
徳潤遺事（茨城県立歴史館史料学芸部編集『茨城県立歴史館史料叢書』一九 茨城県立歴史館 二〇一六年）
享保日記（随筆百花苑一五 一九八一年）
千年の松（国立公文書館蔵）
土芥寇讎記（金井圓校注『江戸史料叢書―土芥寇讎記―』 人物往来社 一九六七年）

著者略歴——
氏家幹人《うじいえ・みきと》
1954年福島県生まれ。東京教育大学文学部卒業。歴史学者(日本近世史)。江戸時代の性、老い、家族を中心テーマに、独自の切り口で研究を続けている。著書に『江戸時代の罪と罰』(草思社)、『かたき討ち』『江戸人の性』(いずれも草思社文庫)、『増補版 江戸藩邸物語』(角川ソフィア文庫)、『武士道とエロス』(講談社現代新書)、『江戸人の老い』(PHP新書)、『江戸の少年』『増補 大江戸死体考』(いずれも平凡社ライブラリー)、『不義密通』(洋泉社MC新書)、『サムライとヤクザ』(ちくま文庫)などがある。

大名家の秘密
秘史『盛衰記』を読む

2018年 9月25日　第1刷発行

著　者　氏家幹人
装幀者　鈴木正道
発行者　藤田　博
発行所　株式会社 草思社
〒160-0022　東京都新宿区新宿1-10-1
電話　営業 03(4580)7676　編集 03(4580)7680

DTP　鈴木知哉
印刷所　中央精版印刷株式会社
製本所　加藤製本株式会社

ISBN978-4-7942-2353-1 Printed in Japan　検印省略